36 STRATAGEMMI

L'ARTE CINESE DELLA STRATEGIA PER CONQUISTARE SCONFIGGERE TRIONFARE OGGI

a cura di Milvia Faccia

EDIZIONI MEDITERRANEE

ISBN 88 - 272 - 1806 - 8

INDICE

Pag.

Introduzione 9

Stratagemmi da impiegare quando si è in posizione favorevole

1 Attraversare il mare ingannando il cielo 15
2 Assediare Wei per salvare Zhao 21
3 Uccidere con una spada presa a prestito 26
4 Attendere riposati mentre il nemico si affatica 33
5 Approfittare dell'incendio per darsi al saccheggio 40
6 Clamore a Oriente, attacco a Occidente 44

Stratagemmi da impiegare in caso di forze di eguale portata

7 Creare qualcosa dal nulla 51
8 Avanzare verso Chen Chang per una strada segreta 55
9 Osservare l'incendio sulla riva opposta del fiume 59
10 Celare un pugnale dietro un sorriso 64
11 Sacrificare il pruno per salvare il pesco 71
12 Portar via la pecora che capita sotto mano 75

Stratagemmi per un attacco diretto

13 Battere l'erba per spaventare il serpente 81
14 Prendere a prestito un cadavere per rifondervi lo spirito 86
15 Convincere la tigre a lasciare le montagne 91
16 Allentare la presa per poterla poi serrare più facilmente 98

17 Lanciare un mattone per ottenere una giada 105
18 Sconfiggere i ribelli catturandone il capo 110

Stratagemmi da impiegare in caso di situazioni confuse

19 Togliere il fuoco da sotto la pentola 117
20 Intorbidire l'acqua per catturare i pesci 123
21 La cicala dorata abbandona il suo guscio 128
22 Sprangare le porte per catturare il ladro 133
23 Allearsi ai lontani per attaccare i vicini 137
24 Ottenere un passaggio sicuro per occupare Guo 140

Stratagemmi per guadagnare terreno

25 Sostituire travi e colonne con materiale di scarto 147
26 Additare il gelso per maledire la sofora 154
27 Fingersi stolti rimanendo lucidi 160
28 Farli salire sul tetto e portar via la scala 165
29 Far spuntare fiori finti sull'albero 174
30 Mutarsi da ospite in padrone di casa 181

Stratagemmi da impiegare in situazioni disperate

31 Usare una donna per irretire un uomo 189
32 Lasciare aperte le porte della città vuota 195
33 Stratagemma della spia nemica che semina la discordia nel proprio campo 200
34 Stratagemma dell'autolesionismo 204
35 Incatenare tra loro le navi da guerra del nemico 210
36 Fuggire oggi per combattere domani 214

Cronologia delle dinastie cinesi 220

Bibliografia 221

Ottenere cento vittorie su cento battaglie non è il massimo dell'abilità:
vincere il nemico senza bisogno di combattere,
quello è il trionfo massimo.

Sun Zu, *L'arte della guerra*, cap. III

INTRODUZIONE

Intorno al XV secolo, nell'epoca compresa tra la fine della dinastia Ming e l'inizio di quella Qing, videro la luce i *Trentasei stratagemmi* militari, raccolti in forma estremamente sintetica da monaci guerrieri e divenuti, nell'arco dei secoli successivi, un classico delle astuzie belliche segrete di ogni tempo, talmente prezioso da rimanere del tutto nascosto all'Occidente perfino nell'epoca di Mao Tze-tung, che ne applicò con successo i principi per tutta la durata del suo regime. Nel 1941, in un mercatino dell'usato di Binzhou (provincia dello Shaanxi), fu casualmente scoperto un malconcio libretto contenente 138 caratteri *kanji*, che risultò essere una ristampa del testo antico, finora l'unico esemplare conosciuto, dal quale derivarono poi tutte le versioni moderne.

L'origine storica di molti degli stratagemmi risale a eventi verificatisi in Cina nel periodo degli Stati Combattenti (475-221 a.C.) e in quello dei Tre Regni (220-280 d.C.). Convenzionalmente, gli stratagemmi furono ripartiti in sei categorie, suddivisione fondata sugli esagrammi dell'*I:Ching* o *Libro dei mutamenti*[1], ma tale struttura presenta comunque diverse eccezioni, a dimostrazione del fatto che, secondo il pensiero cinese e orientale in genere, qualsiasi situazione di conflitto si configura come un flusso di contingenze in continuo mutamento e trasformazione.

Ideale complemento del *Tao-tê-ching*[2], dell'*Arte della guerra*[3] di Sun Zu e dell'*I:Ching*, spesso direttamente correlati a quegli insegnamenti, i *Trentasei stratagemmi* hanno analogamente trovato applicazione, in epoca moderna, nei contesti più disparati e apparentemente lontani tra loro, dal marketing alla psicologia comportamentale, dalle arti marziali

[1] Cfr. Elena Judica Cordiglia, *I:Ching*, Edizioni Mediterranee, Roma, 1991; e anche: Philastre, *I:Ching. Il libro dei Mutamenti della dinastia Zhou*, Edizioni Mediterranee, Roma, 1999.

[2] Cfr. *Tao-tê-ching*, a cura di Julius Evola, Edizioni Mediterranee, Roma, 1997.

[3] Cfr. Sun Zu, *L'arte della guerra*, Edizioni Mediterranee, Roma, 2002.

alla formazione manageriale e ai rapporti interpersonali, lasciando spesso in ombra, purtroppo, la millenaria filosofia che è alla base di questi preziosissimi principi e che pone al centro dell'universo l'uomo in quanto attivamente consapevole di se stesso e dell'altro. Una dualità, tuttavia, solo apparente, come apparente e priva di realtà propria è, secondo il pensiero orientale, ogni forma di dualismo dogmatico, di contrapposizione, di separazione. Lo stesso numero 36 deriva dalla filosofia dell'unità degli opposti, espressa nell'*I:Ching* con la nozione di yin e yang, le due categorie complementari dell'universo, alle quali appartiene ogni singola cosa esistente. Yin è l'elemento femminile che si manifesta nella terra (il cui esagramma, composto da sei linee spezzate, lo rappresenta proprio nell'*I:Ching*: le due colonne prodotte dai doppi segmenti delle linee danno come prodotto il numero 36), nel vento, nell'acqua, associato alle tenebre e alla chiusura, mentre yang, l'elemento maschile, si manifesta come cielo, tuono, fuoco e monti, ed è associato alla luce e all'apertura. La loro interazione determina lo sviluppo di tutti gli eventi in una miriade di rapporti: offesa e difesa, forza e moderazione, regolarità e sorpresa, vuoto e solidità, amici e nemici, ospite e padrone di casa, lavoro e riposo e così via). Yang non può esistere senza yin, e viceversa, così come non potrebbe esservi il giorno senza la notte, né il bianco potrebbe definirsi in assenza del nero, e innumerevoli altri esempi. Ma la realtà unica che travalica ogni coppia di opposti è rappresentata dalla mente non duale, dalla consapevolezza di quell'unità trascendente, di quella superiore essenza di luce che non conosce più distinzione tra la fiamma di una candela e lo splendore del sole, tra l'occhio che percepisce e ciò che viene percepito.

Tale unità degli opposti presenta anche un'altra importante caratteristica, secondo cui ogni qualità o entità può trasformarsi nel suo opposto: in base a questo principio, in determinate circostanze il debole può vincere il forte o il nemico trasformarsi in amico (e viceversa), un capovolgimento che può essere o meno pianificato o inevitabile, e costituire il risultato dell'applicazione di uno o più stratagemmi.

Inoltre, è da notare che, pur essendo questi ultimi strettamente associati con ciò che accade su un campo di battaglia, i più grandi strateghi sono quelli che riescono a vincere senza ricorrere alle armi. Per usare le parole di Sun Zu, "vincere il nemico senza bisogno di combattere, quello è il trionfo massimo". E, infine, l'astuzia può intervenire quando le stesse armi falliscono.

È in questa prospettiva più ampia e articolata che vanno inquadrati i *Trentasei stratagemmi*, al fine di ricondurli all'intento originario con cui vennero compilati, non solo e non tanto per "approfittare delle debolezze del nemico", ma anche e soprattutto per contribuire alla consapevolezza del continuo e fluido muoversi e mutare delle persone, delle situazioni, degli stessi pensieri, al di là del quale risiede l'inalterabile ed eterna natura della mente, immobile fulcro di ogni movimento simile al mozzo della ruota delle trasformazioni, intatta e intangibile, e perciò potente e vittoriosa oltre ogni dire.

Da tutto ciò deriva che non possono esistere, in guerra come in pace, comportamenti codificati e rigidi, e i *Trentasei stratagemmi* non vanno considerati come un "manuale" nel senso occidentale del termine, bensì come un compendio sapienziale di principi che in ogni istante si risolvono l'uno nell'altro, si generano a vicenda, si legano tra loro per poi subito dividersi e ricongiungersi ancora in modo diverso al variare dello scenario. Nulla si "afferma", nulla si "nega", tutto e continuamente si crea, si moltiplica, scompare per ricomparire sotto altra forma. La sublimità del pensiero filosofico orientale è riuscita a cogliere in vari testi e discipline tale fluidità, che scava sempre più profondamente nell'animo umano per portare alla luce le scorie da cui il diamante della mente dev'essere liberato per brillare in tutto il suo fulgore, non più offuscato da alcun dualismo.

Ma come operano i *Trentasei stratagemmi*?

Innanzi tutto, operano a vari livelli di comprensione, a seconda delle capacità di approfondimento e di percezione di ciascuno. Vi è l'ambito più strettamente (si fa per dire) bellico e strategico, nel quale vengono applicati anche in epoca moderna e contemporanea: nell'illustrare i singoli stratagemmi, accenneremo ad alcuni esempi tratti non solo dalla complessa storia cinese, ma anche da quella occidentale, che sui campi di battaglia ha visto le audaci e vittoriose intuizioni di personaggi del calibro di Napoleone Bonaparte, Otto von Bismarck, Joszif Stalin, Adolf Hitler, sempre guidati dall'idea fondamentale di ottenere il massimo risultato col minimo sforzo (che i cinesi sintetizzano nell'espressione taoista *wei wu wei*).

Ma gli stratagemmi costituiscono altresì l'ossatura delle più tradizionali discipline marziali, in cui si esprimono in ogni istante della pratica e della formazione individuale, in ogni "combattimento" che viene affrontato, sia esso contro un altro individuo, sia (a maggior ragione) contro il più difficile, infido e segreto degli avversari, il proprio ego. In tal senso manifestano il significato più profondo e concreto, che può essere costantemente attualizzato lungo tutto l'arco della nostra esistenza.

Gli stratagemmi trovano anche (spesso a nostra insaputa) un'attuazione più vasta, di tipo sociale ed economico, con una propria filosofia e un ambito che tocca tutti noi in quanto individui, cittadini, consumatori. In effetti, vengono usati ormai da decenni allo scopo di focalizzare strategie di vendita e di comunicazione[4] idonee per orientare le scelte individuali o collettive in un senso piuttosto che nell'altro, impalpabili e sotterranei espedienti di fronte ai quali l'unica difesa è, ancora una volta, la consapevolezza e l'esercizio del proprio autonomo potere decisionale, che può essere favorito dall'uso delle stesse "armi" con cui ogni giorno, in ogni ambito della nostra vita pubblica o privata, veniamo costretti a fare, dire o scegliere una cosa rispetto a un'altra.

Nella nostra esposizione accenneremo a questi vari aspetti, fornendo informazioni e spunti che ci auguriamo utili per approfondire sì l'analisi dell'argomento, ma anche e soprattutto per cogliere l'essenza del mutamento che è alla base di queste strategie e che rimanda per sua natura alla ricerca di qualcosa che sia valido sempre, ovunque e per tutti.

[4] L'uso più recente, e sicuramente più pericoloso, di queste strategie si attua da non molto tempo in ambito informatico. Gli hacker se ne servono ampiamente per inserirsi nei sistemi operativi di ignari (e, tecnicamente, più o meno indifesi) utenti del Web, che ormai vengono spiati, braccati, irretiti (è il caso di dirlo) nei modi più scaltri e apparentemente innocui per trarre dai loro computer informazioni per scopi commerciali o di altro genere, o semplicemente per bombardarli di virus (il cui numero arriva ormai a cifre con cinque zeri) in grado di disturbare o, nel peggiore dei casi, rendere del tutto inutilizzabile un sistema operativo. Su questa nuova applicazione di vecchi sistemi vedi http://www.chinastrategies.com

STRATAGEMMI DA IMPIEGARE QUANDO SI È IN POSIZIONE FAVOREVOLE

Tenendo sempre presente che la suddivisione in sei categorie degli stratagemmi si presta comunque a diverse eccezioni, a seconda del mutare delle condizioni e dello stato di fatto, va notato che i primi sei, più diretti e facili da comprendere, consigliano non tanto di applicare una forza maggiore, quanto di deviare le energie dell'avversario verso altre direzioni, allo scopo di sfruttare a suo danno la situazione di squilibrio che si viene a produrre e impedirgli di reagire.

Anche la storia a noi più familiare abbonda di esempi di applicazione di questi stratagemmi. Tra gli altri, possiamo citare la campagna militare di Thutmosi III, che sfociò nel 1479 a.C. nella battaglia di Megiddo, la prima di cui si possieda una vera e propria cronaca. Nel suo secondo anno di regno, il faraone condusse in azione un esercito rimasto inoperoso per oltre due decenni, allo scopo di sottomettere l'alleanza dei re ribelli dei territori nord-orientali, guidata dal sovrano di Qadesh. Le truppe egiziane partite da Gaza potevano raggiungere Megiddo seguendo direttrici diverse; il faraone ignorò gli avvertimenti contrari dei suoi consiglieri e decise di prendere la via più diretta e difficile, che passava per uno stretto valico, dicendo loro che potevano scegliere la strada che preferivano: egli avrebbe transitato attraverso il passo. "Perché essi, i nemici disprezzati da Ra, diranno: 'Se Sua Maestà ha scelto un'altra strada, vuol dire che ci teme', questo penseranno"[5]. I suoi sottoposti accettarono a malincuore di andare con lui.

Fosse per l'accuratezza del suo giudizio o per la bontà delle informazioni ricevute, la scelta di Thutmosi si rivelò opportuna. A quanto pare, il re di Qadesh non credeva che il faraone potesse essere tanto stupido da rischiare la vita dei propri uomini facendoli passare attraverso una

[5] William Petrie, *A History of Egypt*, Freeport, NY, Books for Libraries Press, 1972 [1904], vol. II, p. 105.

stretta gola, perciò concentrò il grosso dell'esercito sulla strada nei pressi di Tannach. Il 13 maggio, Thutmosi guidò i suoi da Yehem verso Aruna; giunti nelle vicinanze del passo, assunse con il carro la posizione di testa, una decisione certamente studiata per ispirare fiducia ai soldati e assicurarli dell'esattezza della sua scelta. Sbucando dal valico, incontrarono soltanto una piccola forza di protezione, che venne rapidamente spazzata via. Avvertito dell'arrivo dell'esercito egiziano, il re di Qadesh fece ripiegare le sue truppe verso Megiddo.

Nella battaglia che seguì, ben presto gli Egiziani presero il sopravvento e il nemico corse precipitosamente a rifugiarsi tra le mura della città, abbandonando il campo e gran parte dell'equipaggiamento. Le truppe del faraone, attratte dalla prospettiva del bottino, trascurarono l'inseguimento, preferendo darsi al saccheggio; ciò permise al nemico di mettersi in salvo, anche se a stento: gli abitanti della città, infatti, chiusero le porte troppo in fretta, e i soldati in fuga dovettero issarsi sulle mura per mezzo di corde fatte con gli abiti. Non essendo riuscito a espugnare subito Megiddo, Thutmosi organizzò un assedio che si rivelò assai breve, in quanto portò ben presto alla resa totale dei ribelli. Dopo aver sottomesso altre città a nord, il faraone fece ritorno a Tebe, la capitale, agli inizi di ottobre, padrone di un nuovo e più stabile impero egiziano.

STRATAGEMMA I

瞞天過海

Man tian guo hai

Attraversare il mare ingannando il cielo

Creando un'atmosfera pervasa da un'impressione di familiarità, tutti si sentiranno a proprio agio, e in tal modo diventerà possibile agire alla luce del sole per ottenere il risultato voluto, senza necessità di nascondere nell'ombra le relative manovre.

La riuscita di questo stratagemma gioca sull'alternanza tra yin e yang, palese e nascosto, regolare e irregolare, familiarità e sorpresa. Ognuno degli elementi di queste coppie di opposti può nascondere l'altro o trasformarsi facilmente in esso. Si tende a non dare importanza a ciò che è più familiare e pertanto, creando un'atmosfera di normalità e agendo apertamente, diviene possibile raggiungere l'obiettivo prefissato senza destare il minimo sospetto.

L'espressione "Attraversare il mare ingannando il cielo" trae origine dall'espediente escogitato dall'ingegnoso generale Xue Rengui, che nel VII secolo riuscì a trasportare l'imperatore (che i Cinesi chiamavano Figlio del Cielo) al di là del Mar Giallo senza che questi se ne accorgesse, facendo costruire a tal fine un'enorme città galleggiante.

La parola *cielo* può anche essere intesa in senso letterale. Nell'antichità si usava spesso condurre operazioni militari segrete servendosi di ripari naturali come montagne e foreste, operazioni che il mare aperto non consentiva. Per attraversare quest'ultimo, pertanto, non si poteva fare a meno di agire alla luce del sole, ma tutto avveniva come se l'intenzione fosse del tutto diversa. Se si vuole nascondere il proprio scopo, l'unica alternativa è fare in modo che gli altri ignorino o fraintendano l'obiettivo reale o che, meglio ancora, non prendano sul serio i preparativi che vengono fatti.

> Yin viene riferito all'imprevedibilità. Usare yang, che però gli altri non riconoscano come yang, significa fare in modo che yin possieda gli attributi di yang. L'esperto stratega pratica yin travestito da yang, oppure usa yin per dissimulare yang. L'essenza di questo metodo risiede nel cogliere le opportunità per effettuare mosse straordinarie, come un attacco a sorpresa o un'imboscata: alla fine il nemico sarà certamente soggiogato. Chi dice che le astuzie yin (segrete) non possano vincere lo spirito yang?[6]

E leggiamo anche nell'*Arte della guerra* di Sun Zu:

> Gli esperti nell'arte della difesa si nascondono come se fossero sotto i nove strati della terra; gli esperti nell'arte dell'attacco si muovono come se fossero in cielo. In questo modo riescono a proteggere se stessi e ottengono una completa vittoria.
> Commento di Wen Hsi: "Il concetto di *difesa* consiste nel celarsi finché non si scorge una possibilità concreta di attacco, rimanendo immobili e

[6] *Jie Zi Bing Jing* ("Il canone di guerra del maestro Jie").

immersi nel silenzio, ignoti al nemico. Il concetto di *attacco* significa saper cogliere il vantaggio da sfruttare. Quando attacchi, sii fulmineo e sfrutta la sorpresa, badando che il nemico non possa anticipare le tue mosse e quindi non sia pronto a contrastarle".

Più un'attività sembra normale, meno si presta attenzione ad essa: è questa la ragione della frequenza degli incidenti automobilistici in zone che si conoscono alla perfezione. Ci si abitua a tal punto a sentir gridare "Al lupo, al lupo!", che l'attenzione scema fino a farsi portar via la pecora sotto gli occhi.

L'espediente è più sfruttato di quanto non si creda (una sorta di stratagemma nello stratagemma) dalle industrie di produzione e confezionamento degli alimenti. Con il dilagare della grande distribuzione, va sempre più scomparendo il concetto di vendita "al minuto" (nel senso letterale del termine), mentre dilagano le offerte che impongono l'acquisto di più confezioni dello stesso prodotto, con la promessa di sconti del tipo "tre per due" o simili. Il consumatore si ritrova, ovviamente, a spendere molto più del previsto e acquista sempre più cose di cui non ha assolutamente bisogno, a tutto beneficio delle reti di vendita.

Anche nell'ambito delle arti marziali (come in molte delle discipline di combattimento) il limite tra previsto e imprevisto è sempre sottilissimo, e spesso costituisce il fondamento stesso della vittoria. Tentare di "addormentare" l'avversario con una serie di mosse di routine può benissimo nascondere quel "guizzo" decisivo e inaspettato che, in realtà, è stato pazientemente costruito con la ripetizione instancabile delle tecniche e sfruttando la dote del "saper attendere il momento opportuno" per cogliere *suki*, cioè la "crepa", l'occasione, il varco nella corazza di attenzione dell'avversario.

Lo stratagemma nella storia

Nel 269 a.C. l'esercito di Qin, al comando del generale Hu Shang, invase lo Stato di Hann, stabilendo il suo guartier generale a Yuyu (nella moderna provincia dello Shaanxi). Il re di Zhao, alleato di Hann, mandò a chiamare il comandante in capo delle sue forze armate e gli chiese: "Siamo in grado di salvare Hann?". Il vecchio generale replicò: "La strada è troppo lunga e pericolosa". Un altro generale, Yue Sheng, diede una risposta analoga. Il re convocò poi Zhao She, suo tesoriere noto per valore e saggezza, e gli pose la stessa domanda. "Il cammino è lungo e tortuoso", disse Zhao. "Un'eventuale battaglia somiglierebbe alla lotta di due topi in uno stretto cunicolo: il più audace dei due sarà il vincitore". Il re fu soddisfatto della risposta e decretò che Zhao avrebbe guidato le truppe alla liberazione di Hann.

Quando l'esercito ebbe percorso non più di trenta *li* dalla capitale di Handan, Zhao She ordinò di fermarsi e piantare il campo, vietando a chiunque di fare commenti sui suoi piani di battaglia, pena la morte.

Una compagnia dell'esercito di Qin, inviata da Hu Shang a controllare l'arrivo dei rinforzi di Zhao, si era fermata a ovest di Wu'an, effettuando esercitazioni al rullare dei tamburi e con alte grida di battaglia, come un esploratore riferì a Zhao She, esortandolo altresì ad affrettarsi per liberare Wu'an. Zhao She, però, lo fece decapitare per aver violato la disciplina militare.

L'esercito di Zhao rimase accampato per ventotto giorni senza avanzare di un solo *li*, e impiegò tutto quel tempo per costruire bastioni e baluardi intorno al campo, come se non avesse alcuna intenzione di muoversi.

Il generale Hu Shang era ormai pronto ad affrontare le truppe di Zhao che, con sua grande sorpresa, non si mostravano, e gli esploratori inviati a controllare la situazione riferirono che il nemico rimaneva immobile e trincerato nel suo accampamento. Ancora sospettoso, Hu Shang inviò uno dei suoi uomini più fedeli il quale, pochi giorni dopo, venne condotto alla presenza di Zhao She per informarlo che le armate di Qin stavano per impadronirsi di Yuyu. Se era in grado di combattere, si facesse pure avanti. Zhao She assunse un'aria umile, dichiarando di non essere in grado di sfidare il potente esercito di Qin. Poi, offrì un sontuoso banchetto all'ospite e lo condusse a visitare il campo fortificato.

Udendo il rapporto del suo inviato, Hu Shang fu molto compiaciuto e pensò tra sé e sé che non avrebbe incontrato alcuna difficoltà nell'invadere Yuyu. Ma, immediatamente dopo la partenza del messo, Zhao She aveva radunato le truppe per condurle a marce forzate fino alla città in pericolo. L'avanguardia, consistente di migliaia di arcieri a cavallo, raggiunse la meta in due giorni e una notte, e si accampò a cinquanta *li* di distanza. Hu Shang non seppe nulla fino a quando il nemico non conquistò una posizione vantaggiosa. Furioso per l'umiliazione, tolse immediatamente l'assedio a Yuyu e mosse per dare battaglia, ma il suo esercito venne assalito da tutti i lati dalle meglio organizzate truppe di Zhao She e cadde preda della confusione e dello scompiglio. La disfatta fu totale, e i pochi superstiti furono costretti a percorrere molti *li* per sottrarsi all'inseguimento delle truppe nemiche.

Lo stratagemma venne impiegato anche, con sorprendente efficacia, dagli inglesi nel corso della battaglia di Quebec (1759)[7] che, nonostante fosse combattuta tra forze di scarsa entità (meno di 4400 inglesi agli ordini del generale James Wolfe, contro 4500 francesi, comandati dal marchese Louis-Joseph de Montcalm), ebbe l'effetto di costringere questi ultimi a ritirarsi dal Canada, assicurando alle truppe di Sua Maestà britannica il controllo del Nord America e favorendo il proliferare delle colonie.

I francesi, aprendosi gradualmente la strada dal Canada, avevano rivendicato il possesso di tutta la regione che va dai monti Appalachi alle Montagne Rocciose. Verso la metà del XVIII secolo, i coloni inglesi avevano cominciato a popolare la regione tra gli Appalachi e l'Atlantico e, iniziando a esplorare i territori a ovest delle montagne, ben presto si resero conto della presenza dei francesi e dei loro forti costruiti in punti chiave. Su richiesta dell'autorevole rappresentante dei coloni Beniamino Franklin, il governo di Londra inviò un contingente di truppe per far fronte alle minacce dei francesi e dei loro alleati indiani.

Per un certo periodo, i francesi mantennero il sopravvento, ma le cose presero una piega diversa con l'ascesa al potere a Londra di William Pitt, ben consapevole del valore economico delle colonie, che inviò altre truppe in Nord America. La Royal Navy riuscì a limitare i rinforzi per i francesi, ma la chiave per isolare completamente il Canada era la città di Quebec, dove venne inviato un piccolo contingente.

Per una settimana prima dell'assalto, gli inglesi rimasero inattivi, e questo ingannò i difensori. Nella notte tra il 12 e il 13 settembre 1759, le sentinelle francesi lungo la riva del San Lorenzo furono informate dell'arrivo di un convoglio di rifornimenti provenienti da Montreal; quando cominciarono ad apparire le imbarcazioni inglesi, quindi, i francesi non se ne preoccuparono. Un ufficiale britannico che parlava francese distrasse le sentinelle fino all'ultimo momento, quando ormai gli attaccanti stavano risalendo uno stretto sentiero verso la sommità della scogliera, mentre a valle un bombardamento diversivo continuava a mantenere da quella parte l'attenzione dei francesi. Al mattino presto, quando

[7] Paul K. Davis, *Le 100 battaglie che hanno cambiato la storia*, Newton & Compton, Roma, 2003, p. 324 s.

Montcalm seppe del riuscito sbarco, le truppe inglesi si stavano già mettendo in formazione davanti alle mura di Quebec.

Se Montcalm avesse atteso che le truppe delle fortificazioni a valle fossero arrivate a dare man forte alla guarnigione, avrebbe avuto maggiori possibilità di far fronte ai 4400 soldati regolari britannici che marciavano sulla città: invece, decise di uscire alla testa di truppe più o meno equivalenti di numero, ma composte soltanto per metà da regolari, mentre il resto erano miliziani, che combattevano in due modi alquanto diversi: "La milizia tirava da una distanza troppo grande per provocare danni, mentre gli inglesi continuavano a giacere al suolo senza sparare. Muovendosi in avanti, le linee francesi cominciarono a perdere la compattezza. I miliziani facevano fuoco e poi si mettevano in ginocchio per offrire un bersaglio più piccolo mentre ricaricavano; i soldati regolari sparavano tutti insieme, ricaricavano e continuavano a marciare. (...) Quando i francesi furono a poco più di 50 metri, gli inglesi si alzarono e spararono una salva dopo l'altra, mantenendo un fuoco costante; quando la distanza si accorciò a meno di 40 metri, lo schieramento britannico fece dieci passi avanti e sparò una raffica che annientò definitivamente le linee nemiche"[8]. L'intero combattimento si protrasse per non più di un'ora e mezza, e di lì a poco la città di Quebec si arrese. La conquista della città consegnò il Canada agli inglesi, ma rappresentò anche il primo di una serie di eventi che, alla fine, avrebbero tolto loro l'America.

[8] *Ivi*, p. 327 s.

STRATAGEMMA 2

圍
魏
救
趙

Wei wei jiu zhao

Assediare Wei per salvare Zhao

È possibile trarre vantaggio da una situazione di squilibrio tra due contendenti, fingendo di attaccare l'aggressore in difesa del più debole e alla fine perfino assorbendo le forze di quest'ultimo, senza incorrere nel disonore che deriverebbe da un attacco diretto andato a vuoto.

Per spezzare l'impeto di un assalto contro un alleato, è opportuno fare in modo che il nemico si concentri completamente sulla preda, evitando di correre in aiuto di quest'ultima, ma attaccando invece ciò che l'avversario ha di più caro.

Nel senso più ampio, questa strategia, tutta giocata sul rapporto tra chiarezza e ambiguità, mira a concentrare la propria forza nell'attacco ai punti più deboli dell'avversario. Nella letteratura militare cinese, la lotta contro il nemico viene spesso paragonata al controllo dei fiumi. Quando gli eserciti ostili si dimostrano feroci e travolgenti come un'inondazione, è preferibile evitare il confronto diretto e attendere il momento in cui l'impeto iniziale sarà ormai scemato, come quando l'onda di piena viene condotta verso canali scavati appositamente per renderla controllabile. Quanto ai nemici meno pericolosi, è sempre possibile costruire una diga per fermare i loro movimenti e attaccare i punti più vulnerabili per spazzarli via senza danno. Mao Tse-tung fece spesso uso di questo stratagemma nella lotta per la conquista del potere. Nel corso della guerra civile cinese, quando le armate di Chiang Kai-shek avanzarono verso l'area comunista, Mao inviò le sue truppe nella direzione più imprevedibile, facendole penetrare profondamente nel territorio controllato dal Kuomintang.

> Evita il forte per attaccare il debole, evita il solido per attaccare il fragile, evita il difficile per attaccare il facile. È questo il modo per conseguire cento vittorie in cento battaglie[9].

Una dimostrazione più che mai attuale di sfruttamento di questo tipo di espediente riguarda l'industria informatica, nella quale diverse aziende produttrici, trovandosi nell'impossibilità di sfidare direttamente i giganti del settore, come la IBM o la Microsoft, hanno cercato di assicurarsi il predominio in aree altamente specializzate, come quella delle reti che collegano tra loro diverse postazioni di lavoro, costruite intorno a potenti minicomputer (Sun Microsystems) o delle applicazioni didattiche (Apple Computer), per poi lanciare sul mercato internazionale computer equipaggiati con propri sistemi operativi e corredati da accessori che avevano già riscosso grande successo: una strategia di sicuro effetto sulle vendite.

Un'altra applicazione, tutt'altro che negletta nel mondo industriale, consiste nel "copiare" quasi pedissequamente, ma a costi inferiori, il prodotto di un'azienda diversa che ha già incontrato il favore del pubblico, il che può dar luogo a due effetti egualmente vantaggiosi (anche se a lungo termine): costringere il produttore "copiato" a una lunga ed estenuante battaglia giudiziale, se non si è avuta l'accortezza di cautelarsi

[9] *Wu Jing Zong Yao* ("Compendio di canoni militari").

con un brevetto, oppure costringerlo ad attuare una politica di abbassamento dei prezzi che, alla lunga, non potrà non danneggiarlo. E non dobbiamo trascurare un "assedio" a cui ci troviamo esposti quotidianamente: la pubblicità che gioca sui desideri dei bambini (che si tratti di merendine o videogiochi, poco importa) per costringere i genitori (la linea di difesa teoricamente più forte, ma spesso debole nell'ambito familiare) a spendere per accontentarli o premiarli.

Questo stratagemma può essere sicuramente preso come uno dei simboli della mentalità orientale, che a un occidentale può apparire tortuosa e ambigua, ma che fa affidamento sulla pazienza e sull'attacco alla linea di minore resistenza. Anche qui, il paragone con quanto avviene nell'ambito delle arti marziali è assai calzante. A parte l'uso delle "finte", noto in tutto il mondo, costringere l'avversario a concentrarsi su un punto per essere liberi di attaccare le sue aree più vitali risponde perfettamente alla strategia posta in atto in ogni combattimento, dal momento che aiuta anche ad acquisire maggiore consapevolezza delle "falle" nella difesa dell'altro.

Lo stratagemma nella storia

Uno dei più grandi strateghi militari della storia fu Sun Zu, l'autore dell'*Arte della guerra*. Un centinaio di anni dopo la sua morte, nello Stato di Qi nacque uno dei suoi discendenti, di nome Sun Bin. Egli apprese l'arte della guerra da un eremita taoista che si faceva chiamare il Maestro della Valle Fantasma, e la insegnò a sua volta al suo discepolo Pang Juan. Quest'ultimo, al termine della sua formazione, si recò nello Stato di Wei, guadagnandosi il favore del re grazie alla sua eloquenza nell'ambito della strategia militare. Memore però della saggezza del maestro, che sapeva essere ben superiore alla sua, viveva nel timore che Sun Bin potesse servire qualche altro regno e diventare così suo formidabile nemico. Pertanto, convinse il re a invitarlo nella capitale di Wei e ad incontrarlo. La conversazione sulle questioni militari convinse il re della indiscutibile superiorità di Sun Bin, ed egli cominciò a meditare di sostituire Pang Juan nel consiglio. Per evitare di perdere la propria posizione, quest'ultimo decise quindi di sbarazzarsi del maestro. Cominciò a denigrarlo agli occhi del suo signore, dichiarando che presto o tardi Sun Bin avrebbe finito per tornare nello Stato di Qi in cui era nato, e quest'ultimo sarebbe pertanto divenuto un nemico formidabile; arrivò fino a presentare una lettera falsa nella quale il suo antico maestro manifestava proprio quella intenzione. Pang Juan riuscì infine a fare arrestare con l'accusa di tradimento e gettare in prigione Sun Bin, al quale vennero tagliate le rotule per impedire la fuga[10] e tatuate sul volto le parole "colpevole di contatti segreti con un altro Stato". Le guardie ebbero l'ordine di sorvegliarlo a vista giorno e notte. Ma Sun Bin non era uomo da lasciarsi scoraggiare. Meditando la vendetta, cominciò a fingersi pazzo, e le manifestazioni di follia furono tante e tali che alla fine la sorveglianza fu allentata e gli venne concesso di tanto in tanto di uscire per prendere un po' d'aria.

Un anno dopo, un inviato di Qi giunse a Daliang, la capitale di Wei, apparentemente per trasportare l'annuale tributo di tè, in realtà per condurre via Sun Bin: come discepolo del Maestro della Valle Fantasma, questi era assai noto in tutti gli Stati. Con un artificio, l'inviato riuscì a nasconderlo nel suo carro e fece ritorno in patria.

All'arrivo nella capitale di Qi, Sun Bin venne condotto alla presenza del generale Tian Ji, che cominciò a consultarlo sull'arte della guerra e trovò le sue risposte così sagge da rimanere a parlare con lui per tre giorni e tre notti di seguito. Decise poi di condurlo davanti al re, che si rammaricò di non averlo conosciuto prima e gli affidò il comando generale dell'esercito.

Lo Stato di Wei godeva di grande prestigio e stabilità, e il re decise (era il 330 a.C.) di intraprendere una campagna di conquista del piccolo regno di Zhongshan, che diversi anni prima era stato strappato a Wei dallo Stato di Zhao. Pang Juan, però, la pensava in modo diverso, e rivolse al re queste parole: "Tu vuoi attaccare Zhongshan solo per vendicarti di Zhao, ma non vale la pena di muovere un intero esercito per un obiettivo così piccolo. Dirigi le tue truppe, invece, direttamente su Handan, la capitale di Zhao, per ottenere un doppio effetto: vendicare il torto subito e intimorire tutti gli altri Stati".

"Piano eccellente!", esclamò il re. "Prenderò due piccioni con una fava", e inviò Pang Juan al comando di cinquecento carri da guerra ad assediare Handan.

Il re di Zhao sapeva bene da cosa nascesse l'iniziativa di Wei, così come sapeva che le sue forze non sarebbero state mai in grado di resistere all'assedio. Pertanto, inviò a Qi una richiesta di aiuto, offrendo in dono il piccolo regno di Zhongshan. Il re di Qi chiese a Sun Bin di gui-

[10] Nell'antica Cina, il taglio delle rotule era una delle cinque principali forme di punizione (le altre prevedevano il naso mozzato, la castrazione, la decapitazione e lo smembramento ad opera di carri trainati da buoi).

dare le sue truppe per liberare Handan dall'assedio, ma questi replicò: "Il mio handicap non mi consente di guidare un esercito. Scegli qualcun altro", e il re affidò il comando a Tian Ji, assegnandogli come capo di stato maggiore Sun Bin, che avrebbe viaggiato in un carro coperto.

Alla frontiera, Tian Ji voleva marciare direttamente verso Handan, ma Sun Bin aveva un piano diverso, e disse: "Non è consigliabile sciogliere un nodo prendendolo a pugni, né mediare tra due contendenti entrando nella mischia. Se evitiamo il difficile per attaccare il facile, le cose si risolveranno molto presto. In questo momento il grosso delle truppe di Wei sta assediando Handan, quindi nella loro capitale devono essere rimasti pochi uomini. Quindi, marciando su Wei e prendendo il controllo delle loro vitali linee di comunicazione, possiamo fingere di attaccare Xianglin, per poi marciare direttamente su Daliang, la capitale di Wei. Quando verrà a conoscenza delle nostre mosse, Pang Juan tornerà in tutta fretta e potremo catturarlo in un'imboscata. Naturalmente, in questo modo libereremo Handan dall'assedio senza nemmeno giungere in vista di essa". Pienamente convinto, Tian Ji ordinò ai suoi uomini di dirigersi verso Wei.

Come Sun Bin aveva previsto, Pang Juan, temendo che l'attacco a Xianglin, situata centocinquanta *li* a sud-est di Daliang, avrebbe esposto quest'ultima al nemico, diede ordine alle truppe di togliere l'assedio alla città di Handan per convergere immediatamente su Xianglin. Dopo una marcia estenuante e affrettata, l'esercito di Wei cadde nella trappola tesa dal nemico, che attendeva appostato in un punto di passaggio obbligato, e divenne preda della confusione. Pang Juan tentò di costringere i suoi uomini a combattere, ma essi fuggirono in tutte le direzioni, costringendolo a ripiegare rapidamente verso Daliang. Quando giunse nella capitale e apprese che l'intera operazione era stata architettata da Sun Bin, non poté far altro che rammaricarsi per aver risparmiato la vita al suo antico maestro.

STRATAGEMMA 3

借
刀
殺
人

Jie dao sha ren

Uccidere con una spada presa a prestito

Quando in una lotta ci si trova in una condizione di inferiorità, è opportuno chiedere l'aiuto degli amici, per potere in tal modo vibrare un colpo decisivo all'avversario senza disperdere le proprie energie.

*Tutto ciò può essere desunto dall'esagramma n. 41 dell'*I:Ching*: Sunn, la Minorazione. La sentenza afferma: "Minorazione congiunta con veracità opera sublime riuscita senza macchia". Una diminuzione del benessere del popolo in favore del governo è senz'altro una minorazione, ma la riuscita sarà assicurata fino a quando il sovrano terrà fede ai suoi doveri, impiegando quelle risorse nel supremo interesse dei suoi sudditi. Ecco perché in guerra è possibile trarre beneficio dalla minorazione sofferta dai propri alleati, proprio come la profondità del lago viene diminuita in favore dell'altitudine del monte, che risulta aumentata.*

Lo stratagemma può essere quello di persuadere altri a combattere le vostre battaglie. I più esperti strateghi del passato hanno usato l'inganno per convincere i re nemici che i loro più fidati generali erano sul punto di tradirli, decretandone così la condanna a morte. Di conseguenza, il nemico stesso portava a termine un compito che sul campo di battaglia avrebbe richiesto mesi o addirittura anni.

Un altro modo per usare questa strategia consiste nel seminare discordia tra il proprio nemico e un'altra parte, così che il primo si esaurisca e impieghi tutte le proprie risorse nella contesa. Secondo gli antichi strateghi militari cinesi, quando due fazioni nemiche si trovano in una situazione di stallo e un'altra entra improvvisamente in scena, l'esito finale dipenderà senza alcun dubbio dalla posizione assunta da quest'ultima. Di contro, se uno Stato tollera il continuo rafforzamento dei suoi vicini senza porre un freno o sfruttare gli eventi a suo favore, presto o tardi è destinato a soccombere.

> Per combattere un nemico che si trova vicino a uno Stato confinante, ingraziati il tuo vicino con parole umili e generose, onde ottenere la sua collaborazione. Se il nemico viene assalito di fronte da te e sul retro dal tuo vicino, sarà sicuramente sconfitto, in base al principio "Stringi alleanze proteggendo il terreno"[11].

E ancora:

> Convinci il nemico a fare ciò che tu vuoi, così da prendere a prestito la sua forza; inducilo a distruggere le truppe che vuoi debellare, così da prendere a prestito la sua spada; appropriati di ciò che possiede, così da prendere a prestito i suoi beni; favorisci le lotte intestine, così da prendere a prestito i suoi generali; trasforma i suoi espedienti nei tuoi, così da prendere a prestito la sua strategia. Non devi agire in prima persona, ma semplicemente sederti e aspettare che le cose accadano. Quando ti rendi conto che per te è difficile fare una cosa, falla fare a qualcun altro[12].

A parte le implicazioni criminali, la più ovvia delle quali è l'impiego di sicari per "lavori sporchi" che i boss della malavita (e non solo) non intendono portare a termine da soli, va detto che questo stratagemma trova ai nostri tempi vasta applicazione nell'ambito della po-

[11] *Bai Zhan Qi Fa* ("Cento infallibili piani di battaglia"), "Battaglia di alleanze".
[12] *Bing Fa Bai Yan* ("Cento massime di guerra"), "Prendere a prestito".

litica. Gli esempi abbondano, e sono tutti riconducibili a un sapiente uso della retorica e della forza di convinzione dei leader sindacali o di partito per "muovere" grandi masse, in grado di piegare governi e parlamenti a quella che con molta enfasi si fa passare come "volontà popolare", ma che in realtà, a ben guardare oltre la superficie, viene sempre più spesso preordinata intorno ai tavoli del potere. Va da sé che il concetto di democrazia esce da tutto ciò alquanto malconcio e sbiadito, senza peraltro essere sostituito da quella che con altra efficace espressione viene chiamata "presa di coscienza", la quale invece affiora assai di rado nei singoli individui (e ancora meno nelle masse).

Anche nel mondo dell'informatica troviamo allusioni praticamente ovunque, perfino... sulla nostra scrivania! Quanti sono i software che traggono vantaggio dal fatto di poter essere lanciati dai sistemi operativi ideati da Microsoft, Apple o IBM (e quindi venduti insieme ad essi)? E viceversa, quanto questi colossi informatici devono proprio a quei software che, adattati ai propri sistemi operativi, aumentano le vendite dei computer da loro prodotti? Inutile dilungarsi, poi, sulle "spade prese a prestito" costituite da tanti personaggi famosi dello *star system* che prestano alla pubblicità il volto o il corpo, consentendo alle grandi aziende di convincere (senza molta fatica, in verità) i consumatori.

Takuan Soho, monaco zen vissuto nel XVI secolo che si dice fosse amico e maestro di Miyamoto Musashi, riuscì a infondere la pratica zen in ogni aspetto della sua vita. Tra i suoi scritti, vogliamo accennare a quello divenuto noto in Occidente con il titolo di *Il misterioso primato della mente immobile*[13], che egli dedicò al maestro di spada Yagyu Munenori.

In esso, la strategia in esame trova un'applicazione apparentemente più letterale, ma che nasconde l'essenza della pratica zen nell'arte della spada. Parlando della sofferenza che comporta il permanere nell'illusione, l'autore afferma:

> Se, nel momento in cui noti la spada che sta per colpirti, pensi di bloccarla in quel punto, la tua mente si fermerà sulla spada in quella posizione, vanificando il tuo movimento e causando la tua morte. Tutto ciò significa permanere nell'ignoranza. Se invece, pur vedendo la spada che sta per col-

[13] In Takuan Soho, *The Unfettered Mind*, Kodansha International, Tokyo, 2004, p. 17 s.

pire, la tua mente non sarà distratta e riuscirai a trovare il ritmo della spada che avanza; se non penserai a rispondere al colpo dell'avversario e non lascerai indugiare alcun pensiero; se, nell'istante in cui la vedrai calare, la tua mente non sarà distratta, potrai muovere diritto in avanti strappando l'arma dalle mani del nemico: allora, la spada che stava per abbatterti diventerà la tua e sarà quella che abbatterà chi ti ha sfidato. Nello Zen ciò viene detto "afferrare la lancia e con essa trafiggere colui che era venuto per ucciderti".

Questo passaggio, però, a nostro avviso nasconde un'implicazione che lo riporta direttamente alla natura dello stratagemma in esame: qui, il nemico da trafiggere non è tanto colui che brandisce materialmente la spada davanti a noi, ma la mente che permane nell'ignoranza e si blocca nell'imminenza del pericolo (cioè nell'attaccamento alla sensazione della paura). Per cui, come accade nelle discipline marziali tradizionali, ci si serve di ogni mezzo per "liberare la mente dalle catene": nella fattispecie, prendendo a prestito la spada per uccidere il vero nemico, quel pensiero duale che ostacola "l'immobile saggezza di tutti i Buddha".

Lo stratagemma nella storia

Nel tardo periodo della Primavera e dell'Autunno (770-481 a.C.), i vari Stati feudali combattevano continue guerre di conquista e di annessione, mentre all'interno di essi i dignitari di corte cercavano spesso di prendere il posto dei loro signori.

Nello Stato di Qi, la famiglia Tian aveva dato i natali a intere generazioni di primi ministri, fino a diventare più potente della stessa casa regnante. Uno di questi, Tian Chang, ansioso di assumere la piena sovranità e di sbarazzarsi del duca Jian, consigliò a quest'ultimo di lanciare un'invasione contro Lu, affermando: "Lo Stato di Lu ha aiutato molte volte Wu ad attaccare Qi. Non vendicare l'offesa sarebbe per noi un grande disonore". Il duca, convinto, gli affidò l'incarico di organizzare la spedizione.

All'epoca Confucio si trovava nel suo paese natale, nello Stato di Lu. Alla notizia della spedizione, convocò i discepoli e disse loro: "A Lu si trovano i templi e le tombe degli antenati. Qui riposano i nostri parenti e amici. Come possiamo starcene seduti qui passivamente e cadere vittime degli invasori, mentre da sotto terra le anime dei nostri cari gridano?

Per Lu sarebbe una benedizione se qualcuno di voi riuscisse a dissuadere Qi dall'azione".

Diversi dei suoi discepoli si alzarono in piedi, ma Confucio sapeva che, nonostante possedessero fedeltà e sincerità, nessuno di essi era abbastanza abile nel parlare. Finalmente Zi Gong, noto per le sue pronte risposte, si fece avanti, e il maestro gli affidò il difficile incarico. Quello stesso giorno, Zi Gong partì per incontrarsi con Tian Chang, che aveva programmato l'invasione.

Quando quest'ultimo seppe il motivo della sua visita, cercò di intimidirlo. "Se non erro", disse, "sei venuto a perorare la causa di Lu".

Zi Gong lo guardò con calma e rispose: "In verità, no. Sono venuto per aiutare Qi". E aggiunse: "Lu non è una preda facile: è piccolo e le sue città sono scarsamente fortificate. Il suo sovrano è ignorante, i suoi ministri incompetenti, il popolo sleale e i soldati inadatti alla guerra. Pertanto, non è facile da sconfiggere. Ti suggerirei invece di attaccare lo Stato di Wu: ha un territorio assai vasto e città dalle alte e solide mura. Possiede armi infallibili, ministri saggi, generali pieni di risorse e soldati assai esperti. Quindi, è facile da catturare".

A queste parole, Tian Chang diede sfogo a una collera incontenibile. "Come osi insultarmi in questo modo?". Zi Gong, però, senza perdere la propria imperturbabilità, gli chiese di licenziare i ministri, e poi continuò con aria molto seria e a voce bassa: "So bene che vuoi governare Qi, per cui hai più nemici all'interno che all'esterno del tuo Stato. Attaccando Wu, potresti aver facilmente ragione di loro. Se l'esercito di Qi vince, il merito sarà tuo; se perde, molti generali e ministri moriranno, e quindi potrai più facilmente acquisire il controllo della corte. Se invece attaccherai Lu, tanto fragile e debole, dovrai condividere il merito con i tuoi nemici interni, che vedranno rafforzare le proprie posizioni".

Tian Chang rimase per un momento in silenzio. "Il tuo ragionamento è convincente", disse poi, "ma se io spostassi ora il nostro esercito da Wenshang per farlo marciare verso Wu, darei adito a chiacchiere sulla mia indecisione, e il morale dei soldati ne soffrirebbe".

"Non è poi così difficile", sorrise Zi Gong. "Lascia gli uomini dove sono. Andrò dal re di Wu per convincerlo ad attaccare Qi, così potrai avere una scusa per muovere le truppe".

Si recò quindi in visita presso Fu Chai, il re di Wu, e senza tanti preamboli gli disse: "Anni orsono, Wu e Lu hanno unito le loro forze per attaccare Qi, e ora quello Stato vuole vendicarsi facendo scempio del piccolo e indifeso Lu per poi conquistare la tua terra".

"Lo so", rispose il re, "e immagino che tu abbia un buon consiglio per me, dal momento che hai fatto tanta strada per incontrarmi".

"Se lascerai che Qi vinca Lu e si assicuri il suo appoggio per conquistare Wu, non potrai mai sconfiggerli, ma se preventivamente riesci a battere Qi insieme al tuo alleato Lu, le vostre forze congiunte potranno contendere al potente Jin il controllo delle pianure centrali".

"In verità", replicò il re, "sto pensando da anni di punire Qi, che non intende più pagare i tributi che ci deve dall'ultima guerra in cui è stato sconfitto da noi, ma ora devo affrontare la sfida crescente del regno di Yue, e sono convinto di dover risolvere questa faccenda prima di intraprendere altre campagne".

"In questo caso", disse a sua volta Zi Gong, con tono calmo, "quando finalmente ti deciderai ad aiutare Lu, esso sarà già stato fagocitato da Qi. Devi comprendere che attaccando ora Yue il tuo guadagno sarà scarso, mentre eludendo Qi ti esporrai a un grande pericolo. Evitare il forte e attaccare il debole è un segno di codardia, e cercare un piccolo vantaggio trascurando un grave pericolo è segno di follia. Andrò personalmente dal re di Yue e lo persuaderò a inviare un contingente di rinforzo per aiutarti a battere Qi. Che ne pensi?".

"Non potrei sperare in nulla di meglio", rispose il re, e Zi Gong partì alla volta di Yue.

Quando il re di quello Stato seppe della visita di Zi Gong, fece preparare la migliore stanza del più lussuoso albergo di Yue, e si recò personalmente a vederlo. "Ti sei preso il disturbo di percorrere tanta strada per giungere nella nostra umile terra", gli disse, "quindi devi avere qualche buon consiglio per me".

"Sono venuto a esprimerti la mia ansia per il pericolo che corri", rispose Zi Gong.

"Ho sentito dire spesso che fortuna e sfortuna sono vicine di casa", replicò il re, "quindi il tuo rammarico mi porta fortuna. Procedi, per favore".

"Ho convinto Fu Chai, il re di Wu, a liberare Lu attaccando Qi. Ma Fu Chai sospetta che tu stia complottando contro di lui e vuole innanzi tutto distruggere il tuo regno. Se decide di farlo, non avrete scampo, quindi ecco il mio consiglio. Fu Chai e il suo primo ministro sono arroganti: se li ricoprirai di ricchi doni, offrendo umilmente il tuo aiuto nella spedizione contro Qi, verranno a più miti consigli. Se la spedizione fallirà, tu trarrai vantaggio dall'indebolimento delle forze di Wu; se riuscirà, quest'ultimo vorrà senza dubbio avventurarsi nelle pianure centrali per contenderne il controllo ai potenti Jin, e tu potrai nel frattempo impadronirti delle sue città sguarnite".

"Sei stato mandato dal Cielo!", esclamò il re, e gli offrì generose quantità d'oro e d'argento dai suoi forzieri, che però Zi Gong rifiutò, per avviarsi subito sulla via del ritorno verso Wu. Qui disse al re che il sovrano di Yue, impaurito dalla prospettiva di un attacco del suo potente vicino, chiedeva umilmente di essere accettato come alleato, e offriva doni generosi e di inestimabile valore, oltre all'ardore e alla vita di tutti i suoi soldati.

Il re di Wu ne fu grandemente compiaciuto, e accettò l'offerta.

Ma Zi Gong pensava che Lu non fosse ancora fuori pericolo. Doveva tirare in ballo un'altra grande potenza, e pensò subito allo Stato di Jin. Vi si recò e chiese udienza al duca Ding, al quale disse: "Il tuo umile servo sa bene che le strategie, se non attentamente premeditate, possono fallire di fronte a circostanze impreviste, e i soldati, se non adeguatamente addestrati, possono cadere in mano nemica. Ora, Wu e Qi stanno facendo preparativi di guerra. Se Wu perde, Yue lo attaccherà alle spalle; se Wu invece sconfigge Qi, di certo pretenderà da Jin l'egemonia sulle grandi pianure. Hai mai pensato a tutto ciò?".

"Cosa posso fare?", chiese il duca, costernato.

"Preparati a combattere", rispose Zi Gong. "Addestra le truppe, affila le armi e accumula provviste".

Il piano di Zi Gong per salvare Lu funzionò alla perfezione, anche se a farne le spese furono diversi altri Stati: Fu Chai, il re di Wu, alla guida di centomila uomini, ottenne una grande vittoria contro Qi. Pensando al controllo delle grandi pianure, poi, fece in modo che Qi e Lu stringessero relazioni amichevoli, poi impegnò in battaglia l'esercito ben addestrato di Jin e ne uscì gravemente sconfitto. Egli non comprese mai di aver agito come "spada presa a prestito".

Nella storia moderna, possiamo citare un esempio di impiego di questo metodo risalente alla vigilia della Seconda guerra mondiale e consistente nella diffusione in Unione Sovietica (per opera dei servizi segreti nazisti) di voci, corroborate da false prove, secondo le quali il comandante Tukhachevskij avrebbe ordito un complotto per rovesciare Stalin. Furono gli stessi sovietici a giustiziare Tukhachevskij (reo soltanto di aver proposto un piano di modernizzazione, riorganizzazione e riarmamento tecnico dell'esercito sovietico), insieme a diversi altri generali considerati dai nazisti un ostacolo alla conquista della Russia.

STRATAGEMMA 4

以逸待劳

Yi yi dai lao

Attendere riposati mentre il nemico si affatica

Si costringono gli altri a consumare le loro energie, nel contempo conservando le proprie. Si stanca l'avversario costringendolo a effettuare azioni inutili o a raggiungere da molto lontano il campo in cui lo si attende con largo anticipo.

*Secondo l'*I:Ching*, il passivo si rafforza a spese dell'attivo. Il riferimento è ancora all'esagramma n. 41, Sunn, e al n. 11, Ttai, la Pace (nel senso di esistenza di un collegamento ininterrotto tra tutte le parti), composto da Kkienn, il Cielo, l'attivo, yang, al di sotto di Kkunn, la Terra, il passivo o ricettivo, yin: la terra limita gli effetti del cielo per regolarne gli eccessi, mentre il cielo fa prosperare i doni della terra per compensarne le insufficienze. La forza yang sotto, cioè all'interno della forza yin: i nobili permangono al centro del potere e dell'influenza, e dominano per questo gli ignobili, e ciò apporta a tutti salute e prosperità.*

Quando la riga superiore del segno inferiore viene minorata in favore del segno superiore segue il segno di Sunn, a dimostrare che un elemento troppo attivo perderà la spinta iniziale e si indebolirà, mentre un elemento passivo è in grado di conservare e accumulare potenza. Ecco perché, in campo militare e non solo, è opportuno evitare lo scontro con un nemico soverchiante, fino a quando quest'ultimo non avrà esaurito il suo impeto e le sue energie.

Sun Zu scrisse queste tre massime:

Quando il nemico è unito, tienilo sotto pressione e logoralo. Quando è unito, dividilo.
Quando è riposato, devi essere in grado di stancarlo; quando è ben nutrito, devi farlo morire di fame; quando è rilassato, devi indurlo a muoversi.
Saldamente attestato sul tuo terreno, attendi il nemico. Attendi in riposo il nemico esausto; ben nutrito, il nemico affamato. Questo significa avere il controllo della forza.

È sempre vantaggioso trovarsi un passo avanti agli avversari, ma se non è possibile muoversi con rapidità, è opportuno farsi raggiungere su un terreno a loro poco familiare, attraverso situazioni spossanti e dispendiose, continuando a eluderli e costringendoli a esaurire le forze nell'inseguimento.

In guerra, ma non solo in guerra, è fondamentale la pratica dell'arte della difesa e dell'offesa. Chi attacca ha il vantaggio dell'iniziativa, può scegliere dove e quando dare battaglia e costringere l'altro a rispondere o ritirarsi. Questo stratagemma, però, sottolinea i vantaggi della difesa: chi si trova sotto attacco può acquisire la superiorità conquistando una posizione vantaggiosa, assicurandosi ampie riserve e soprattutto conservando le forze, mentre attende l'esaurimento di quelle del nemico e il momento opportuno per contrattaccare.

Quando ti difendi fai uso di yin (il potenziale) e quando attacchi serviti di yang (il vigore). Fai in modo che il nemico esaurisca il proprio yang e alimenta il tuo yin prima di sopraffare l'avversario. Questo è il segreto dello stratega per l'esercizio di yin e yang[14].

Quando lui [l'avversario] rompe il contatto balzando improvvisamente all'indietro e respingendoti con la spada per impegnare la tua arma, seguilo dolcemente, tanto con la forza che con lo spirito e colpiscilo con la spada con la stessa energia del suo movimento. Con calma, seguendolo come se fra voi due non ci fosse lo spazio di un capello, come le onde di un fiume profondo, colpendolo con energia e fermezza[15].

[14] *Tang Tai Zong Li Jing Wen Dui* ("La risposta di Li Jing all'imperatore Taizong di Tang").
[15] Miyamoto Musashi, *Il libro dei cinque anelli*, Edizioni Mediterranee, Roma, 1995.

Questo è uno degli stratagemmi che meglio sintetizza l'azione dinamica di yin-yang, poiché chiarisce (stimolando a trarne vantaggio) i reciproci e continuamente mutevoli rapporti tra fermezza e cedevolezza, fatica e riposo, attacco e difesa. Viene istintivo pensare al classico esempio dello stelo di bambù, sottile e apparentemente debole, ma in grado di piegarsi senza danno al vento impetuoso che può senza sforzo abbattere la quercia dall'apparenza più solida; o ancora all'acqua, il più fluido degli elementi che riesce a vincere le resistenze della più solida roccia. Ed è un insegnamento quanto mai attuale, nei nostri giorni di logoramento e inutile (il più delle volte) dispendio di energie per combattere contro le nostre stesse tensioni o nel tentativo di mettersi alla pari con gli altri. È opportuno, però, riflettere sul buon uso del tempo, anch'esso sottinteso da questo stratagemma: il tempo può, in determinate e frequenti circostanze, dimostrarsi un alleato prezioso, oltre che "comodo", come ben sanno molte grandi industrie ormai abituate alla strategia delle ricerche di mercato, strumento ben consolidato negli Stati Uniti che ha conosciuto anche in Europa uno sviluppo incredibile in questi ultimi anni. Un effetto secondario ma estremamente importante di tale tipo di ricerca consiste nello sfruttamento dell'iniziativa altrui: è logico attendersi che una ditta intenzionata a conquistare nuove fette di mercato esplori sentieri poco battuti dalle grandi aziende leader nel settore. Queste ultime, però, come dimostrato da molte notizie che riempiono le pagine dei quotidiani dedicate all'economia, sono sempre pronte ad approfittare di ogni spiraglio per imporre un prodotto che si avvantaggi insieme e dell'esperienza altrui e dei minori costi e della tecnologia che un gigante economico è in grado di mettere in campo. Un esempio alla portata di tutti e facilmente osservabile è costituito dal dilagare della grande distribuzione alimentare, che ormai va sostituendo, in quasi tutti i quartieri delle grandi città, i piccoli esercizi commerciali, ma in modo assai scaltro: basterà riflettere sul fatto che in ogni grande supermercato o ipermercato è possibile trovare prodotti "locali" (e sicuramente acquistati "in zona") che, lentamente ma inesorabilmente, sono destinati a erodere le vendite di un piccolo esercizio, a tutto profitto delle vendite di tutti gli altri prodotti presenti all'interno del supermercato stesso...

Nelle arti marziali, ovviamente, questo principio trova un'applicazione di tutt'altro spirito, non solo e non tanto in quelle di combattimento, ma anche in discipline come il tradizionale tiro con l'arco giapponese (*Kyudo*), in cui il nemico che si affatica non è costituito tanto dal bersaglio (*mato*) o dagli altri arcieri, con i quali, al contrario, all'interno di un kata è necessario costruire e mantenere la più grande armonia, ma dal proprio corpo e dalla propria mente. Mentre il corpo si sforza di tendere l'arco e di mantenere l'equilibrio per tutte le fasi del tiro, la mente tende a fissare l'attenzione sui singoli punti della postura, in tal modo affaticandosi e disperdendosi vanamente. Per la buona riuscita del tiro, invece, è opportuno sfruttare i vantaggi offerti da una corretta respirazione: concentrandosi su un respiro regolare e mantenendo sempre il proprio centro (*tanden*), la fatica dell'apertura dell'arco sarà molto minore, la mente non sarà più distratta dalla posizione delle spalle, di una mano o degli occhi, e si potrà perfino scoprire che la postura di massima apertura dell'arco (*kai*), che dovrebbe esasperare al massimo le tensioni del corpo, è in realtà comoda, addirittura piacevole, mentre la potenza del *ki* si raccoglie come neve che lentamente, morbidamente si accumula su un ramoscello fino al momento in cui, con altrettanta naturalezza, ne cadrà in quell'impercettibile istante al quale dovrebbe assomigliare l'*hanare*, il momento in cui la freccia viene scoccata o meglio, per esprimersi con le parole dei grandi maestri del Kyudo, "si scocca" da sola, vincendo ("come naturale") tutte le grandi e piccole tensioni del corpo e della mente.

Lo stratagemma nella storia

Nel 230 a.C. Ying Zheng, futuro primo imperatore della Cina, divenuto re dello Stato di Qin quando era appena tredicenne, lanciò una campagna decennale contro altri sei Stati rivali. Nel 226, dopo aver sottomesso i regni di Hann, Zhao, Wei e Yan, decise di inviare una spedizione alla conquista di Chu, il più potente Stato del sud. Convocò i suoi ministri e generali e chiese al giovane Li Xin, nominato comandante in capo delle forze armate dopo la vittoria ottenuta sull'esercito di Yan: "Di quanti uomini hai bisogno per conquistare i territori di Chu?".

"Duecentomila".

Il re esitò e si volse verso Wang Jian, un generale molto più anziano ed esperto.

Dopo una lunga pausa, l'uomo replicò: "Secondo il mio parere, un esercito composto da meno di seicentomila uomini non può riuscire nell'intento. Le truppe di Qin hanno vinto grandi battaglie, ma sono esauste. I più vecchi sono deboli, e i giovani privi di esperienza. L'esercito di Chu gode del vantaggio di un adeguato riposo e di un territorio che conosce bene. Non possiamo affidarci solo all'audacia per vincere una battaglia di questo genere!".

"Che strano!", esclamò il re. "Le numerose battaglie combattute ti hanno reso eccessivamente cauto. Il generale Li, pur se molto giovane, è saggio e coraggioso. Le sue parole ci soddisfano". Affidò pertanto al giovane il comando di duecentomila uomini e gli ordinò di marciare a sud e attaccare Chu, mentre Wang Jian si ritirò nella sua città natale di Pinyang, ben sapendo che sarebbe stato umiliato in caso di vittoria di Li e richiamato in caso di sconfitta. Curò quindi di essere sempre bene informato della situazione inviando propri esploratori sul campo.

Dopo aver conquistato tre città fortificate, Li Xin condusse i suoi soldati a marce forzate verso ovest, seguito da una compagnia dell'esercito di Chu al comando di Xiang Yan. Questo inseguimento non lo preoccupava, però, perché considerava i nemici già sconfitti.

Dopo tre estenuanti giorni di marcia, l'esercito di Qin si accampò per riposare ma, prima ancora di piantare le tende, fu assalito da Xiang Yan. Stanchi, impreparati e colti di sorpresa su un terreno che non conoscevano, gli uomini di Qin furono facilmente sopraffatti.

Poco dopo, il re di Qin arrivò a Pinyang e disse a Wang Jian: "Le nostre truppe hanno subito una grave disfatta perché io ho rifiutato di ascoltare il tuo saggio consiglio, e ora l'esercito di Chu marcia contro di noi. Ti chiedo di perdonarmi e di respingere gli invasori alla guida dei nostri uomini".

"Sono vecchio e malato", replicò il generale.

"Hai tutte le ragioni di respingere la mia richiesta, ma non puoi rimanere qui seduto senza far nulla mentre il nostro Stato è in pericolo".

"Ma mi servono seicentomila uomini".

"Li avrai".

"Questa è una spedizione molto ardua, e vorrei una ricompensa adeguata alla mia fedeltà e ai miei non pochi meriti. Ciò che desidero è assicurare un futuro ai miei figli".

Il re sorrise. "Non preoccuparti, avrai tutto ciò che chiedi al tuo ritorno. Preoccupati solo di sconfiggere il nemico".

A chi gli chiese il perché di tanto apparente interesse per ricchezze e onori, alquanto insolito in lui, il saggio Wang Jian rispose: "Il re è molto orgoglioso e sospettoso, e mi ha affidato il comando di quasi tutti i soldati di Qin. Se io non chiedessi in cambio ricchezze e titoli per rassicurarlo sulla mia intenzione di stabilirmi per sempre a Qin, dubiterebbe della mia lealtà, e ciò mi impedirebbe di dedicarmi alle faccende della guerra".

Quando Chu seppe che Wang Jian stava arrivando alla testa di un esercito tanto numeroso, si attestò in posizione difensiva, immobilizzando tutte le sue truppe.

Arrivato alla frontiera con lo Stato di Chu, il vecchio generale ordinò ai suoi uomini di erigere opere difensive, ignorando le ripetute sfide del nemico. I soldati si mostrarono perfettamente a loro agio, mangiando, bevendo e prendendo bagni insieme al generale, il quale un giorno chiese a un attendente: "Che fanno i nostri soldati?".

"Alcuni lanciano pietre, altri praticano la lotta e il salto".

"Allora sono pronti per combattere", concluse Wang Jian.

A lungo l'esercito di Chu aveva cercato invano di dare battaglia, e gli uomini erano stanchi e giù di morale. Visto che ormai l'esercito di Qin non intendeva combattere, Xiang Yan diede ordine agli uomini di ritirarsi, ma a questo punto Wang Jian ordinò alle sue truppe ben riposate di attaccare. La vittoria fu completa, Xiang Yan venne ucciso e molte delle città fortificate di Chu furono conquistate, fino alla completa sottomissione del potente regno, che avvenne appena un anno dopo.

Quando, durante il tentativo di conquista dell'Unione Sovietica, Hitler spinse le sue armate verso Stalingrado, la strategia dei russi, decisi ad approfittare delle difese naturali che il terreno e la stagione gelida offriva loro, cominciò a funzionare: piuttosto che combattere il nemico su un vasto fronte in campo aperto, dove i carri armati avrebbero potuto avere la meglio, essi si ritirarono verso le montagne e dentro Stalingrado. La strategia dei tedeschi, invece, iniziò a mostrare le sue lacune: sulle montagne, si accorsero che le collaudate tecniche di *blitzkrieg* non servivano, mentre nelle città, come a Leningrado nel 1941, e poi a Stalingrado l'anno seguente, l'avanzata veniva fermata dai combattimenti nelle strade. Alla fine di una campagna durissima, i tedeschi persero più di un quarto di milione di soldati, e la loro potente macchina bellica, insieme al morale crollò, dando origine alla completa disfatta che sarebbe seguita su tutti i fronti europei[16].

[16] Vedi David Wragg, *Da Pearl Harbor alla Guerra del Golfo*, Newton & Compton, Roma, 2001, p. 86 s.

STRATAGEMMA 5

趁
火
打
劫

Chen huo da jie

Approfittare dell'incendio per darsi al saccheggio

*Si trasformano gli altrui problemi in opportunità da sfruttare a proprio vantaggio. La risoluzione prevale sulla duttilità, in base a quanto prevede l'esagramma n. 43 dell'*I:Ching, *Kuai, la Decisione, simboleggiato dall'acqua (Tui) al di sopra del cielo (Kkienn). Salendo nel cielo, l'acqua tende a straripare e a ricadere verso il basso, il che allude all'opportunità di attaccare con rapidità e determinazione quando l'avversario si trova in difficoltà: il solido rimuove deciso il tenero.*

In guerra, una casa incendiata simboleggia una nazione in declino o in preda a difficoltà interne. Quindi, lo stratagemma evoca il principio universale che stimola a colpire i punti deboli dell'avversario, e in questo senso si collega a numerose altre strategie (ad esempio lo stratagemma 12: *Portar via la pecora che capita sotto mano*), ben note in ogni epoca a tutti i comandanti dell'Oriente e dell'Occidente. In un commento a Sun Zu nell'*Arte della guerra*, Ho Yen-hsi afferma:

> I guerrieri esperti sostengono che i migliori strateghi non hanno bisogno di combattere. La vera abilità nell'assedio non consiste nel saper usare l'esercito, ma nel confondere il nemico con la propria strategia, in modo che si vinca da sé, senza necessità di lunghe e dispendiose campagne militari[17].

Nell'economia, l'applicazione di questo principio è sotto gli occhi di tutti e non ha bisogno di esempi. Esso è ben noto, però, anche nel mondo delle arti marziali. Miyamoto Musashi vi allude a più riprese, e in particolare in questo passaggio:

> "Avvertire il cedimento" riguarda ogni cosa. Possono crollare le case, declinare la salute; può esaurirsi l'avversario, perdendo il tempo e rompendo il suo ritmo d'attacco.
> (...) Se mancherai di approfittare del suo momentaneo collasso, il nemico avrà la possibilità di recuperare.
> Nell'Heiho del duello, ci sono dei momenti nel corso del combattimento in cui il ritmo dell'avversario si sballa e inizia la crisi. Se non saprai riconoscere questi fatti al momento, lui potrà riprendersi e non ricascarci più. Tieni d'occhio i segni di crisi del nemico, agendo con forza nel tempo di un respiro[18].

Lo stratagemma nella storia

La dinastia Shang regnò per circa cinquecento anni nella valle del Fiume Giallo, per poi essere rovesciata e sostituita all'inizio dell'XI secolo a.C. dallo Stato feudale di Zhou, il cui popolo proveniva da occidente, e più precisamente dall'area della moderna provincia dello Shaanxi.

[17] Sun Zu, *L'arte della guerra*, Edizioni Mediterranee, Roma, 2004, cap. III, p. 53.
[18] Miyamoto Musashi, *Il libro dei cinque anelli*, cit., p. 102.

Miyamoto Musashi durante un combattimento, in una postura che denota la sua estrema vigilanza

Secondo l'antica tradizione, l'antenato della tribù dominante di Zhou era un semidio protettore dell'agricoltura. Pressati dalle incursioni delle tribù ostili, i suoi discendenti si trasferirono nel bacino del fiume Wei dove, con il sostegno del fertile suolo della pianura, presto si formò una nazione che nel corso degli anni divenne sempre più grande e potente. L'espansione verso est la portò sotto l'influenza culturale e politica dello Stato di Shang, il cui declino coincise con l'acme della potenza di Zhou.

L'ultimo re di Shang, Zhou Wang, pur essendo uomo di eccezionale talento e forza, indulgeva troppo nei piaceri e nelle orge, trascurando completamente il bene dei propri sudditi e lasciando la corte in preda alla corruzione e al tradimento. La sua eloquenza gli permetteva di trovare giustificazioni convincenti per qualsiasi spregevole atto da lui commesso. Quando venne a sapere dell'invasione delle truppe di Zhou, guidate dal re Wu Wang, si dichiarò fiducioso nell'aiuto del Cielo e ignorò la minaccia, continuando invece a tormentare le tribù ribelli del nord e dell'est con una serie di campagne militari che sfinirono gli uomini e vuotarono le casse dello Stato. Le truppe di Wu Wang non incontrarono resistenza nella loro avanzata e arrivarono a Muye (nel sud dell'attuale provincia dell'Henan), a soli settanta *li* dalla capitale di Shang. Quando la notizia raggiunse Zhou Wang, questi interruppe le celebrazioni dei trionfi sulle tribù ostili per organizzare la difesa, ma il vittorioso corpo di spedizione non aveva ancora fatto ritorno. Pertanto, il re fu costretto ad adottare misure che si rivelarono poi causa della sua totale disfatta: aprì le affollate prigioni della capitale, proclamando un'amnistia generale e dotando di armi improvvisate i riluttanti prigionieri, i quali vennero quindi posti all'avanguardia del piccolo contingente rimasto in città. Lo stesso assunse il comando e marciò incontro agli invasori.

Prima di mettere le tende, Wu Wang aveva adunato le truppe ed esortato gli uomini con queste parole: "Siate impavidi come la tigre e l'orso, fieri come lo sciacallo e il lupo. Non uccidete coloro che si arrendono, e non arretrate davanti alla paura. Combattete, altrimenti raccoglierete i frutti di rovina da voi stessi seminati!".

Dopo che l'intero esercito ebbe giurato, fu dato l'ordine di attaccare. Di fronte ai quattromila carri da guerra e alle ben disciplinate armate di Zhou, gli ex prigionieri di Shang disertarono per unirsi alle truppe in avanzata ancor prima dell'inizio dello scontro. La vittoria di Wu Wang fu completa, e allo sconfitto Zhou Wang non rimase altro che vestire i suoi abiti più sontuosi e darsi la morte gettandosi in un rogo allestito sulla Terrazza dei Cervi, un tempo teatro dei suoi bagordi.

Per tutto il corso della storia, le nazioni con obiettivi di conquista hanno sempre tentato di sfruttare le debolezze di altri Stati per impoverire le loro riserve. Un esempio assai noto è quello della Guerra dell'Oppio, che a partire dalla metà del XIX secolo riuscì a svuotare le casse del tesoro cinese a tutto vantaggio degli occidentali, in un periodo storico abbastanza vicino a quello in cui avventurieri senza scrupoli, dall'altra parte dell'oceano, si servirono delle debolezze degli indiani d'America per ottenere terre e vantaggi commerciali, favorendo così l'approssimarsi di un vero e proprio genocidio che non avrebbe tardato a dare i suoi frutti.

STRATAGEMMA 6

聲東擊西

Sheng dong ji xi

Clamore a Oriente, attacco a Occidente

Si diffondono false idee o suggerimenti riguardo alle proprie intenzioni, così da indurre l'avversario a concentrare le sue difese su un fronte, lasciandone un altro sguarnito e vulnerabile a un attacco.

*Il carattere allude all'esagramma n. 45 dell'*I:Ching, *ossia Ttsui, la Raccolta, nel quale il simbolo della terra, Kkunn, si trova sotto quello dell'acqua, Tui, a significare che quest'ultima si è raccolta nel lago: dunque, vi è concordia e buona fortuna. La sentenza recita: "Raccolta. Riuscita. Propizio è imprendere qualche cosa". Se il lago si riempie troppo, però, inonderà le rive e provocherà disastri. Analogamente, possono verificarsi dissidi e conflitti nell'ambito di grandi gruppi di persone. Pertanto, truppe riunite a difendere una città devono sottostare a un comando unificato per essere in grado di respingere gli attacchi nemici. Se i capi manifestano opinioni discordi o si dimostrano esitanti, la situazione sfuggirà al controllo.*

In guerra come in pace, l'elemento sorpresa può rivelarsi fondamentale ed essere assicurato non solo dalla rapidità e mobilità, ma anche inducendo in errore gli altri su ciò che s'intende fare. Chi è ben presente a se stesso conosce i propri punti di forza e di debolezza, e si comporterà di conseguenza. Pertanto, difficilmente si lascerà ingannare e potrà perfino fingere di accettare l'inganno dell'avversario e poi rivoltarglielo contro. Come afferma Sun Zu, colui che è abile nel manovrare farà una mossa falsa per far sì che il nemico decida una contromossa adeguata. O, più specificamente:

> Per esser certo di conquistare la zona dove hai impegnato battaglia, attacca un punto che il nemico non difende. Per esser certo di tenere ciò che difendi, attestati dove il nemico non può attaccare. L'attacco migliore è quello che non fa capire dove difendersi. La difesa migliore è quella che non fa capire dove attaccare[19].

In qualsiasi campo, il requisito essenziale di questo stratagemma consiste nel nascondere all'avversario le proprie reali intenzioni. Se in passato ci si è sempre comportati in modo prevedibile, sarà ben arduo ingannare altri già esperti nel valutare correttamente le nostre mosse. Ma se l'avversario è avido di informazioni e ha paura, la situazione è matura per creare un diversivo. L'esempio migliore di questa tattica si può trovare attualmente nei prestiti a basso interesse tanto diffusi in Occidente. Le compagnie di carte di credito promettono bassi interessi sugli "assegni di trasferimento" che consentono al cliente di estinguere altri conti di credito, ma non appena questi comincia a caricare nuovi acquisti sulla carta, i tassi di interesse richiesti diventano molto più alti. In tal modo, facendo credere ai consumatori di poter ridurre il debito, le compagnie riescono a tenere alti i tassi con un sistema diverso.

È ovvio che questo stratagemma può essere sfruttato anche in senso positivo, come strumento psicologico volto ad assicurare la risoluzione di problemi che in un primo momento sembrano inaffrontabili, e che vengono ridimensionati semplicemente spostando l'attenzione su questioni di maggiore portata, con l'effetto di inquadrare nella giusta luce e affrontare con nuovo vigore le difficoltà quotidiane, in famiglia o nell'ambiente lavorativo.

[19] Sun Zu, *L'arte della guerra*, cit., cap. VI, p. 81.

Nell'ambito dello sport o delle arti marziali, lo stratagemma fa appello all'enorme bagaglio di quelle tattiche che vanno sotto il nome di "finte", essenziali in ogni scontro, sportivo e non. Qualsiasi combattente esperto si serve di finte ed è in grado di riconoscerle quando vengono messe in atto da qualcun altro. Per tale motivo, vi è una forte componente psicologica che rispecchia il tentativo da parte nostra di prevedere e influenzare le reazioni dell'avversario di fronte a presunti attacchi od opportunità senza che egli se ne renda conto. Il successo di una finta può essere paragonato a quello di un'azione efficace: se non siete convincenti, l'altro la riconoscerà per *ciò che è*, e non per *ciò che non è*. Si noti però la differenza rispetto allo stratagemma 1: qui non si tratta di "addormentare" l'avversario fingendo inattività, quanto piuttosto di simulare un'attività diversa da quella che si intende effettivamente porre in opera, il che implica un autocontrollo e un dominio delle proprie emozioni certamente assai maggiore.

> Le grida *katsu* e *totsu* sono usate durante gli attacchi di taglio e di punta. Quando l'avversario è pronto a contrattaccare, da una posizione bassa alza la spada come per stoccare; l'altro sarà indotto ad attaccare a sua volta e tu restituirai il colpo di taglio. Entrambi i tuoi movimenti vanno eseguiti con un ritmo rapido e deciso, e accompagnati da *totsu* o *katsu* (...). La tecnica *totsu-katsu* è fatta con l'intenzione di attirare l'avversario sul movimento che solleva la punta dell'arma, facendogli temere una stoccata, mentre in realtà, con ritmo e decisione, la spada si alza per colpire di taglio[20].

Lo stratagemma nella storia

Nel quinto anno del regno di Liu Xiu (29 d.C.), imperatore della dinastia Han noto per la saggezza dimostrata nella scelta di persone capaci al suo servizio, il generale Geng Yan fu inviato al comando delle truppe in una spedizione contro Zhang Bu, un capo militare ribelle insediato a est, nel distretto di Ju. Costui pose il fratello Zhang Lan a difesa della città di Xi'an, a sud della quale, a quaranta *li* di distanza, vi era la più grande Linzi. Dopo una serie di battaglie vittoriose, Geng Yan fece fermare le sue truppe in un piccolo borgo a metà strada tra Xi'an e Linzi, e ordinò agli ufficiali di lasciar riposare l'esercito per cinque giorni e pre-

[20] Miyamoto Musashi, *Il libro dei cinque anelli*, cit., p. 83 s.

parare l'attacco a Xi'an. Saputa questa notizia, Zhang Lan stabilì turni di sorveglianza ininterrotta.

Alla mezzanotte del quarto giorno, Geng Yan ordinò che i suoi uomini consumassero un pasto abbondante, e all'alba li guidò all'attacco della città di Linzi. Uno dei generali obiettò, proponendo di assalire invece Xi'an, ma Geng Yan spiegò: "Pur essendo piccola, la città di Xi'an è ben fortificata e preparata a difendersi, mentre Linzi è più grande ma meno protetta, e con un attacco a sorpresa saremo in grado di impadronircene in un giorno. Perdendo Linzi e quindi le linee di collegamento con Zhang Bu, Zhang Lan sarà costretto a ritirarsi, e prenderemo due piccioni con una fava. Se però attaccassimo prima Xi'an, non potremmo essere sicuri di conquistarla, e comunque perderemmo molti giorni e moltissimi uomini. Inoltre, porteremmo Zhang Lan a trincerarsi all'interno di Linzi e a rafforzare la sua posizione contro le nostre forze esauste. Fai attenzione ora: non vedi in quale caos ci troveremmo, se io adottassi il tuo suggerimento?".

Attaccarono Linzi, distruggendo le sue difese in mezza giornata. Quando le notizie raggiunsero Xi'an, Zhang Lan si ritirò in fretta e furia per unirsi al fratello Zhang Bu nella città di Ju.

Geng Yan non avanzò verso la capitale, né mosse le truppe per conquistare le zone periferiche, che avrebbe potuto sottomettere con facilità, ma fece stazionare gli uomini a Linzi. Quando venne a sapere tutto ciò, Zhang Bu scoppiò in una risata fragorosa. "Il grande Geng ha solo un esercito piccolo e spossato. Come pensa di farmi paura?". Quindi raccolse le sue truppe e marciò verso ovest.

Gli uomini di Zhang Bu arrivarono a est di Linzi e si prepararono ad assalire la città. Geng Yan guidò una compagnia a cavallo attraverso il fiume Zi, dove incontrò le avanguardie del nemico condotte da Chong Yi. Gli ufficiali della cavalleria chiesero il permesso di caricare, ma Geng Yan non lo concesse, affermando che un'azione del genere non avrebbe fatto altro che assicurare una vittoria di poca importanza, la quale avrebbe però messo sulla difensiva le truppe avversarie. Si ritirò quindi all'interno della città con la parte migliore dei suoi soldati. Questa mossa convinse in pieno Zhang Bu della propria superiorità, inducendolo ad attaccare l'accampamento di Geng Yan fuori delle mura. Questi fece in modo che le sue truppe assalissero l'esercito nemico su due fronti, infliggendogli pesanti perdite e gettando lo scompiglio nel campo nemico fino a notte.

La mattina dopo, Geng Yan venne avvertito che l'imperatore in persona stava arrivando con rinforzi, e i suoi consiglieri lo esortarono ad attenderlo per studiare un attacco concertato, ma egli sapeva di non aver tempo da perdere se voleva annientare Zhang Bu una volta per tutte. Quindi replicò in tono severo: "Un buon suddito accoglie il suo imperatore con carne e vino, e non con truppe ribelli!".

Lanciò quindi un pesante attacco contro le scoraggiate truppe nemiche, che subirono un'altra terribile sconfitta e riempirono di cadaveri i fossi intorno alla città. Nel frattempo, Geng aveva inviato due compagnie a preparare un'imboscata fuori della città, e quando Zhang Bu decise di ritirarsi, cadde dritto nella trappola e fu nuovamente costretto a combattere su due fronti. Finì per arrendersi. Il suo esercito fu incorporato in quello imperiale e con questo fece ritorno alla capitale. La totale pacificazione dell'impero durò per altri sette anni.

In Europa, solo la grandezza e l'abilità della Royal Navy impedirono a Napoleone Bonaparte di attuare il piano di invasione dell'Inghilterra con cui egli intendeva consolidare il suo controllo sul Vecchio Continente. Napoleone sperava di riuscire a controllare i porti d'Europa onde assicurarsi basi in cui raccogliere una flotta multinazionale, negando allo stesso tempo agli inglesi gli accessi commerciali al continente. Contemporaneamente, manovre navali verso l'Egitto avrebbero attirato in quelle acque il grosso della Royal Navy, offrendogli l'occasione per inviare velocemente attraverso la Manica una flotta d'invasione composta da piccole imbarcazioni. Anche se l'invasione dell'Egitto non venne mai attuata, egli riuscì nel suo intento, e la Gran Bretagna rispose istituendo blocchi navali che resero difficile la vita ai francesi. Alla fine, le due flotte si scontrarono a Trafalgar (1805), e la Royal Navy riuscì con tattiche di nuova concezione a sbaragliare brillantemente i nemici, nonostante la morte del suo comandante, Lord Nelson. Grazie a quella vittoria e al persistere dei blocchi navali europei, gli inglesi riuscirono a impedire che Napoleone tornasse a minacciare l'invasione della loro patria e il controllo di tutto il continente, e posero le basi per la sua definitiva sconfitta a Waterloo[21].

[21] Cfr. Paul K. Davis, *Le 100 battaglie*, cit., p. 366 s. Per quanto riguarda Waterloo (*ivi*, p. 392 s.), qui Napoleone ideò diverse azioni che possono essere ricondotte al concetto di "Attendere riposati mentre il nemico si affatica" (quando cercò, come era solito fare, di conquistare una posizione centrale che gli avrebbe consentito di affrontare separatamente le forze della coalizione) o a quello di "Attraversare il mare ingannando il cielo" (quando giunse a Charleroi tenendo nascoste le proprie intenzioni ai nemici, che non sapevano neppure che avesse lasciato Parigi). Commise però madornali errori, in parte dovuti anche al suo già precario stato di salute, e non fu certo favorito né dalla natura del terreno, né dalle avverse condizioni meteorologiche.

STRATAGEMMI DA IMPIEGARE IN CASO DI FORZE DI EGUALE PORTATA

Questi stratagemmi si concentrano sulle opzioni più immediate e si attuano usando ciò che si ha a portata di mano o nell'ambiente circostante, creando illusioni, inventando nuove armi o realizzando progetti nuovi e innovativi. Essi esigono che si guardi alla propria situazione con occhi nuovi per comprendere in che modo si viene considerati dall'avversario, così da creare illusioni convincenti o escogitare utilizzi inediti per qualcosa che è già noto.

STRATAGEMMA 7

無中生有

Wu zhong sheng you

Creare qualcosa dal nulla

Si crea una falsa idea nella mente dell'avversario, che dovrà considerarla reale. In particolare, ciò significa comunicare l'impressione di avere qualcosa che invece manca, così da apparire ben armati e trasmettere un'impressione di sicurezza in precedenza carente. La vera forza aumenta sotto la maschera della finta apparenza, proprio come yin, continuando ad aumentare, finisce per trasformarsi in yang.

È vero che un nemico può essere vinto soltanto da azioni reali, non da false manovre. Pertanto, un saggio stratega sa non solo come ingannare l'avversario con finte mosse, ma anche come trasformare queste ultime in autentiche operazioni belliche.

> Per ingannare il nemico, gli mostriamo le forze straordinarie e non quelle normali; per vincerlo, lo combattiamo con le forze normali, non quelle straordinarie. Questa è l'interconnessione tra lo straordinario e il normale[22].

La propaganda, a qualsiasi livello, consiste spesso nel creare qualcosa dal nulla: "Ripeti mille volte una bugia, e tutti crederanno che sia verità". Così diceva un vecchio adagio, e la prova consiste nei mille oggetti che portiamo con noi e di cui non potremmo mai più fare a meno. Un esempio per tutti? L'Italia è uno dei Paesi in cui non solo si vendono più telefoni cellulari, ma si scambia un numero altissimo di telefonate e SMS. Chi mai riuscirebbe oggi a fare a meno di un telefonino? Eppure, questa necessità "creata dal nulla" nasconde insidie e violazioni del diritto alla privacy che a stento riusciamo ancora a immaginare. È di questi giorni la notizia della grande offensiva dei nuovissimi virus in grado di distruggere senza possibilità di rimedio i sistemi operativi dei cellulari di ultima generazione, il che ci induce a fare un passo indietro, proprio parlando dei virus informatici, in continua evoluzione e in grado di nascondersi nelle pieghe più remote dei nostri computer (altro bisogno "creato dal nulla" ma ormai imprescindibile...). Quanti sono a conoscenza del fatto che i creatori di queste "bestioline" virtuali, ma pericolosissime, sono pagati dalle grandi aziende informatiche le quali poi, a loro volta, creano e commercializzano programmi antivirus sempre più sofisticati e sistemi operativi sempre più "a prova di virus", che di conseguenza stimolano la creazione di nuovi virus mutanti, i quali poi...? Non si finisce più, garantito, e tutto ciò parte da un perfetto e assoluto "nulla", che occupa ormai gran parte della nostra vita.

Lo stratagemma nella storia

Nel 755 d.C., durante il regno dell'imperatore Tianbao della dinastia Tang, un funzionario militare ribelle di nome An Lushan innescò una

[22] *Tang Tai Zong Li Jing Wen Dui*, cit.

rivolta che avrebbe scosso l'impero dalle fondamenta. Linghu Chao, magistrato del distretto di Yongqiu, convinto che l'imperatore non avrebbe potuto sopravvivere alla sommossa, giurò fedeltà ad An Lushan, attaccando e conquistando insieme a lui la città di Huaiyang. In sua assenza, però, le truppe imperiali si erano impadronite di Yongqiu, ostacolando il suo ritorno e perfino uccidendo la moglie e i figli di Linghu Chao, i cui corpi erano stati esposti fuori delle mura. Ciò provocò in lui un'esplosione di incontrollabile furia, che lo portò ad assalire la sua stessa città. Ma Zhang Xun, a capo delle armate imperiali, riuscì in un primo momento a respingere l'attacco.

Dopo tre mesi d'assedio, Linghu Chao decise di sferrare l'offensiva finale, e radunò quarantamila uomini per attaccare Yongqiu. Zhang Xun raccolse allora i suoi ufficiali e disse loro: "I ribelli sanno fin troppo bene che in città vi sono poche truppe e quindi tendono a sottovalutare le nostre forze. Apriremo all'improvviso le porte e piomberemo su di loro. Una piccola vittoria servirà a rincuorare la gente". Così fece, dividendo le truppe in piccole compagnie e guidandole fuori delle mura cittadine in una sortita del tutto inattesa per i ribelli, che furono costretti a fuggire lasciandosi dietro una grande quantità di provviste, una vera manna per i soldati Tang a corto di rifornimenti.

Il giorno seguente, Linghu Chao tornò per attaccare la città con cannoni e scale, ma ogni sua astuzia venne immediatamente contrastata dalla pronta risposta di Zhang Xun. Nonostante la scarsità di cibo, uomini e rinforzi, quest'ultimo riuscì ad avere sempre ragione dei nemici nelle ventuno scaramucce combattute nei due mesi seguenti.

All'inizio, la città era rimasta senza cibo, e Zhang Xun, venuto a sapere dell'imminente arrivo di provviste per i nemici a bordo di navi che avrebbero percorso il fiume Bianshui a nord di Yongqiu, dispose cospicui rinforzi a sud della città. Temendo un altro contrattacco, Linghu Chao radunò le sue truppe in quella direzione, ma Zhang Xun inviò segretamente una spedizione per sottrarre i rifornimenti di riso e sale, ordinando di bruciare tutto ciò che gli uomini non avessero potuto portare con sé.

Alcuni giorni dopo finirono le frecce, e Zhang Xun ordinò di fabbricare un migliaio di manichini di paglia da calare con corde dalle mura della città, nel cuore della notte. Gli arcieri nemici, svegliati dalle sentinelle e timorosi di un'altra sortita, cominciarono a saettare sui pupazzi di paglia, che vennero poi nuovamente tirati su dai bastioni, assicurando alla città decine di migliaia di frecce. La notte dopo, vedendo altre figure calarsi lungo le mura, i ribelli risero, credendo a un altro trucco. Questa volta, però, si trattava di cinquecento soldati scelti delle truppe Tang, che piombarono sull'accampamento, diedero fuoco ad alcune tende e costrinsero gli avversari a darsela a gambe.

Poi, in città cominciarono a scarseggiare fuoco e acqua, per cui Zhang Xun inviò a Linghu Chao un messaggio che diceva: "Non ho più risorse per sostenere i miei uomini e voglio lasciare questa città. Ritirate le vostre truppe, in modo che possiamo allontanarci". Chao, fin troppo lieto di sbarazzarsi degli imperiali, accettò senza esitare. Partiti i ribelli, Zhang Xun mandò i suoi uomini a prendere fuoco e acqua nel campo nemico. Al ritorno di un furioso Linghu Chao, gli inviò un altro messaggio: "Non vediamo l'ora di andarcene, ma ci mancano trenta cavalli". Chao mandò i trenta cavalli a Zhang Xun, il quale li distribuì tra i suoi ufficiali ordinando loro: "Quando i ribelli arrivano, ciascuno di voi deve catturare uno dei loro ufficiali". Così fecero il giorno successivo, obbligando Linghu Chao a ritirarsi sconsolato.

Nella Francia di Vichy, un agente segreto inglese doveva procurarsi dei fondi. Si finse allora un giovane elegante e spensierato e divenne amico di un ufficiale tedesco assegnato a un comandante in qualità di autista. Una notte, l'agente inglese gli rubò l'auto e la vendette a un meccanico francese suo complice, insieme al quale tolse tutti i contrassegni militari al veicolo. Il giorno dopo l'ufficiale tedesco, in preda al panico, chiese aiuto al suo amico inglese: qualcuno gli aveva rubato l'auto mentre era ubriaco, e sarebbe stato severamente punito per queste due mancanze. Voleva comprare una nuova vettura in sostituzione di quella rubata, ma i francesi non facevano affari con i tedeschi. L'agente replicò che forse sarebbe stato possibile trovare un'auto della stessa marca e modello al mercato nero; sì, egli poteva fare da intermediario, ma il prezzo sarebbe stato alto. Al giovane ufficiale non importava, e così l'inglese chiese e ottenne il doppio del prezzo dell'auto. Poi si recò dal meccanico e ricomprò la vettura per lo stesso prezzo al quale l'aveva venduta. La riportò quindi all'ufficiale tedesco, che gliene fu eternamente grato, senza mai nemmeno immaginare di aver ricomprato proprio la sua auto, e la spia inglese ebbe il finanziamento di cui aveva bisogno.

STRATAGEMMA 8

暗度陳倉

An du cheng cang

Avanzare verso Chen Chang
per una strada segreta

Si prepara un falso fronte onde attirare il grosso delle forze del nemico, per poi penetrare nel suo territorio attraverso altre vie. È vantaggioso agire in conformità alla situazione.

*"Propizio è imprendere qualche cosa", dice il commento all'esagramma n. 42 dell'*I:Ching, *I, l'Accrescimento. "Propizio è attraversare la grande acqua". L'esagramma è composto da Sunn, il vento, sopra e Cenn, il tuono, sotto, che si generano e si rinvigoriscono a vicenda, maturando le condizioni per una grande missione.*

Il principio in base al quale tale strategia opera è "Quando sei distante, fingi di essere vicino".

> Avanza dove il nemico non sa, e attacca quando il nemico è impreparato. La sua ignoranza gli impedirà di anticipare le tue mosse, la sua impreparazione di contrastare il tuo attacco. In tal modo otterrai una vittoria completa senza sforzo[23].

Nel mondo dell'economia, infinite sono le applicazioni di questo principio, dalle ditte di vendita per corrispondenza (ad esempio di libri), che nelle condizioni generali di abbonamento o di iscrizione si affrettano a precisare che "non è previsto un minimo di importo per l'acquisto" (ottenendo in tal modo l'effetto di farci sottoscrivere abbonamenti che altrimenti non avremmo mai cercato), agli esercizi commerciali quasi nascosti dietro grandi cartelli di offerte che partono da un prezzo "minimo" (quando poi si cerca l'articolo in questione, stranamente il relativo scaffale è sempre vuoto e ... si finisce per comprare altro!). In ambito politico, questa strategia viene fin troppo sfruttata da governi e partiti che tentano di guadagnare il favore dell'opinione pubblica, giocando su eventi ad alto impatto emotivo (ad esempio gare sportive, catastrofi naturali, gravi crisi internazionali) per distogliere l'attenzione degli elettori dai problemi interni.

Indirettamente, lo stratagemma esorta anche a non ripetere troppo spesso la stessa tattica, perché finirebbe per trovare l'avversario preparato a contrastarla. È quello che Miyamoto Musashi chiama "Passare dal mare alla montagna":

> Impegnati in combattimento, "passare dal mare alla montagna" significa che non bisogna ripetere frequentemente la stessa tecnica: è tollerabile farla due volte, ma tre è inammissibile.
> (...) Ogni volta cerca una nuova strada per coglierlo di sorpresa. Fallendo ancora, dovrai ricercare qualcos'altro.
> Così, se l'avversario si aspetta montagna, dagli mare; se aspetta mare, dagli montagna. Prenderlo di sorpresa è il segreto di *Heiho*[24].

[23] *Guan Zi* ("Libro del maestro Guan").

[24] Miyamoto Musashi, *Il libro dei cinque anelli*, cit., p. 111. *Heiho* è la Via della casta guerriera, opposta per sua natura alla concezione moderna di combattimento sportivo secondo rigide norme codificate. In questi ultimi secoli, proprio per distinguerla,

Lo stratagemma nella storia

Il comandante Han Xin fu tra gli uomini d'arme più abili nell'applicazione di questo principio. Egli aiutò Liu Bang a insediare, nel 206 a.C., la dinastia Han, che avrebbe governato la Cina per più di quattrocento anni (fino al 220 d.C.). Durante l'ultimo periodo della precedente dinastia Qin, la Cina aveva conosciuto il regno di Ying Zheng, il quale aveva contribuito significativamente allo sviluppo del Paese, unificando lingua scritta, calendario, moneta, pesi e misure, ma dimostrando anche un'estrema crudeltà; infatti, aveva ordinato di bruciare tutti i libri, tranne quelli di medicina, agronomia, scienza e tecnologia, nonché di seppellire vivi ben 460 studiosi, mentre più di 300.000 operai costruivano la Grande Muraglia e altri 700.000 lavoravano per realizzare il suo palazzo, un mausoleo e quell'esercito funerario di soldati di terracotta che oggi attira tanti turisti nella città di Xian.

I contadini si ribellarono, e in tutto il Paese scoppiarono disordini che portarono infine al rovesciamento della dinastia regnante e alla conquista della capitale. Ben presto, però, sorsero aspre divergenze di opinione tra i due capi ribelli, Xiang Yu, crudele quasi quanto l'ex tiranno, e Liu Bang, che raccoglieva maggiori favori tra la popolazione, ma disponeva di un esercito quattro volte inferiore.

Pertanto, Xiang Yu riuscì a ottenere il trono per sé, autonominandosi re di Chu e lasciando all'avversario il regno di Han, un territorio a sud tagliato fuori dal resto del Paese da una catena montuosa quasi impraticabile. Liu Bang finse di accontentarsi e giunse perfino a distruggere le passerelle di legno che consentivano di superare le gole più impervie dei passi e costituivano in pratica l'unica via di accesso dall'esterno alla sua regione. In realtà, però, egli aveva dato ordine al fido comandante Han Xin di addestrare in gran segreto le truppe.

Tre anni dopo, il generale di Xiang Yu, incaricato della sorveglianza della zona, scoprì che gli uomini di Han Xin stavano ricostruendo i ponti di legno. Xiang Yu si dimostrò divertito all'idea del piccolo contingente che sarebbe stato sufficiente per mantenere il controllo dello sbocco del valico. Poco dopo, però, ci si accorse che gli uomini di Han Xin erano

si è parlato di "serena accettazione della morte", senza pensieri di vittoria o di sconfitta, attesa di onori o ricompense: una chiara allusione alla "mente vuota" (*mushin*, "non mente") che è ancora oggi alla base della pratica di arti marziali tradizionali non contaminate dalla moderna logica sportiva e competitiva.

già a nord della catena montuosa. La ricostruzione dei ponti si era rivelata soltanto un espediente, mentre l'esercito marciava a tappe forzate verso la capitale. Fu sufficiente un solo anno per sconfiggere Xiang Yu e permettere a Liu Bang di insediarsi sul trono di una Cina nuovamente unificata.

Le tattiche militari applicate a certi terreni suggeriscono ovvi tipi di assalto. Prima che Hitler invadesse il loro Paese, i francesi sapevano che egli stava ammassando truppe ai confini, ma erano convinti che nessun esercito potesse superare la famosa "linea Maginot". Si prepararono ad affrontarlo altrove, usando le loro vecchie teorie militari per nutrire in lui questa illusione. Ma Hitler sferrò un attacco fulmineo sfruttando le sue unità di *panzer*, mai viste fino ad allora, che riuscirono a sfondare in un tempo brevissimo le antiquate difese della linea.

Analogamente, l'invasione del D-Day era già prevista, ma i tedeschi sapevano che essa avrebbe avuto luogo vicino a Calais, una zona molto più favorevole per una grande armata che volesse prendere rapidamente terra, mentre le coste inospitali e troppo esposte della Normandia offrivano scarsi vantaggi ed erano considerate inadeguate ad uno sbarco; per tale motivo, erano scarsamente sorvegliate. Ma il grosso della forza d'invasione passò proprio da qui. L'impegno dei servizi segreti britannici e statunitensi riuscì a convincere i tedeschi, mentre la vera concentrazione di forze avveniva nell'Inghilterra meridionale, proprio di fronte alle coste francesi. Quando fu informato degli sbarchi, Hitler si convinse che si trattava di un diversivo e rifiutò l'autorizzazione a trasferire forze dalla zona di Calais; solo parecchi giorni più tardi acconsentì a farlo, ma era ormai troppo tardi, perché a quel punto gli Alleati si trovavano già lontani dalla costa ed erano penetrati in profondità nell'interno. L'invasione della Normandia segnò il limite oltre il quale il sogno di Hitler di un'Europa dominata dalla Germania non poté più realizzarsi.

STRATAGEMMA 9

隔岸觀火

Ge an guan huo

Osservare l'incendio sulla riva opposta del fiume

Si osservano tranquillamente gli avversari in preda a dissidi interni, aspettando che si distruggano a vicenda.

*"Propizio è costituire aiutanti e far marciare eserciti", afferma la sentenza dell'esagramma n. 16 dell'*I:Ching, *Ü, il Fervore. Esso mostra il simbolo del tuono (Cenn) al di sopra della terra (Kkunn), che rappresenta anche un esercito. Il periodo considerato è quello in cui il primo tuono primaverile avvia il disgelo sulla terra, recando nuova vita a tutte le creature. L'esagramma esorta ad attendere il momento opportuno. Come un tuono non risuona in inverno, così un capo militare non intraprende azioni fino a quando il tempo non è maturo.*

Il ritardo può arrecare vantaggio, se incrementa la discordia tra gli alleati nemici. Gli occidentali tendono a sottovalutare i momenti di indugio nelle loro contese, utili soprattutto quando l'avversario tenta di avanzare servendosi della violenza o sfruttando gli altri. L'esperto stratega sa attendere che un nemico egoista o aggressivo si alieni le simpatie di chi ha intorno, generando discordie che alla lunga corroderanno le sue energie e risorse a tutto vantaggio degli avversari. Tale stratagemma è collegato al 3, "Uccidere con una spada presa a prestito", benché quest'ultimo sia molto più difficile da mettere in pratica, in quanto richiede spesso una complessa manipolazione di varie energie, siano esse amiche, nemiche o neutrali.

> Quando il nemico si trova in difficoltà e vuole impegnarti in una battaglia decisiva, aspetta; quando è vantaggioso combattere per il nemico, ma non per te, aspetta; quando è opportuno rimanere fermi, e chi si muove per primo si troverà in pericolo, aspetta; quando due nemici sono impegnati in uno scontro che vedrà certamente sconfitto uno dei due, aspetta; quando le forze nemiche, benché numerose, si trovano in preda alla confusione e tendono a complottare una contro l'altra, aspetta; quando il comandante nemico, benché esperto, è ostacolato da qualcuno dei suoi uomini, aspetta[25].

È questo uno stratagemma che, anche in Occidente, poggia su un'antichissima massima, quella del *Divide et impera*, sempre attuale in ogni ambito di attività, ma che vede le migliori applicazioni nel campo delle contese individuali, le quali offrono opportunità di azione (e spesso di vittoria) a soggetti relativamente sconosciuti, ma tanto astuti da trarre vantaggio dai dissidi tra contendenti di maggiore lustro e fama, che però dimostrano scarsa "visione di gioco".

In un senso più profondo, l'incendio sulla riva opposta del fiume può essere rappresentato, nelle arti marziali tradizionali, dal turbine di sentimenti, passioni ed emozioni di cui un avversario diviene preda, e che bisogna osservare con la presenza e la perfetta immobilità dello spirito che Taisen Deshimaru, insuperato maestro zen, definiva *mushotoku*, ossia consapevolezza senza scopo, né calcolo, né pensiero di profitto. La tensione, l'instabilità, il movimento disordinato e discontinuo che noi occidentali consideriamo segni di massima concentrazione sono asso-

[25] *Bing Fa Bai Yan*, cit., "Attendere".

lutamente sconosciuti agli orientali, che basano tutto sul gioco della respirazione (quando si inspira, si aprono proprio quei *suki*, quelle opportunità per l'altro di colpire con la massima efficacia; nella lenta e lunga espirazione, invece, il corpo è più forte, concentrato e pesante, e i colpi ricevuti provocano molto meno danno) e soprattutto sulla continua vigilanza frutto della perfetta immobilità della mente.

Per spiegare questo concetto, Deshimaru ricorreva volentieri all'aneddoto dei tre gatti:

> Un samurai aveva in casa un topo di cui non riusciva a sbarazzarsi. Si procurò allora un magnifico gatto, robusto e coraggioso. Ma il topo, più rapido, si prese gioco di lui. Il samurai prese allora un altro gatto, molto furbo e astuto, ma il topo si insospettì e prese a mostrarsi solo quando il gatto dormiva. Un monaco zen, di un tempio vicino, prestò allora al samurai il proprio gatto, che aveva un'aria normale e dormicchiava sempre, indifferente a ciò che lo circondava. Il samurai non aveva alcuna fiducia nell'animale, che passava tutto il suo tempo dormendo. Il topo, dal canto suo, si fece di nuovo ardito: passava e ripassava ostentatamente davanti al gatto, visibilmente disinteressato, finché un giorno, con una sola fulminea zampata, quest'ultimo lo prese e lo uccise. Potenza del corpo, abilità tecnica non sono nulla senza la vigilanza dello spirito![26]

Lo stratagemma nella storia

Yuan Shao, il più potente dei governanti rivali che divisero tra loro l'impero in seguito alla caduta della dinastia Han orientale, aveva tre figli, di nome Tan, Xi e Shang. Quest'ultimo, pur essendo il minore, superava di gran lunga i fratelli per valore e capacità militari. Yuan Shao lo aveva destinato a succedergli nel governo delle quattro regioni di Qing, You, Bin e Ji, ma non dichiarò apertamente le sue intenzioni, preferendo operare in modo che il figlio godesse di una posizione di vantaggio. Quindi, lo tenne nella regione di Ji, sede del potere della sua casata, inviando a est, nella zona di Qing, il figlio maggiore Tan.

Uno dei suoi consiglieri criticò questa decisione, dicendo: "Quando un coniglio inseguito da diecimila persone viene catturato da una di esse, tutte le altre abbandoneranno la caccia perché chi ha catturato il coniglio si è mostrato risoluto. Tuo figlio maggiore Tan dovrebbe essere il tuo

[26] Taisen Deshimaru, *Lo Zen e le arti marziali*, SE, Milano, 1995.

successore, ma tu lo hai allontanato senza confermare la sua posizione. Ciò avrà conseguenze assai spiacevoli". Ma Yuan Shao rispose: "Metterò ciascuno dei miei figli a capo di una regione, per verificare le loro capacità". Così fece.

Nel 200 d.C. circa, Yuan Shao subì due rovinose sconfitte, in seguito alle quali, due anni dopo, morì. Mentre tornava per assumere il comando, Tan venne a sapere che il fratello minore Shang aveva già preso il posto del padre, per cui si fermò ai confini meridionali del distretto di Ye, accampandosi a Liyang nei pressi del fiume Baigou. Qui fu attaccato nel nono mese dalle truppe di Cao Cao, che aveva imposto al padre l'ultima devastante sconfitta, e chiese aiuto al fratello, il quale arrivò con i rinforzi. Dopo aver perso diverse battaglie, i due fratelli si barricarono all'interno dell'accampamento, senza tentare più sortite. Perfino una spedizione di rinforzo che stava accorrendo in loro aiuto fallì miseramente, finendo per arrendersi a Cao Cao.

Dopo un'ulteriore sconfitta inflitta loro da quest'ultimo, Tan e Shang abbandonarono Liyang e tornarono a nord per difendere la città di Ye. Due mesi dopo furono raggiunti dalle armate di Cao Cao, che razziarono tutti i raccolti intorno alla città. Il consiglio di guerra aveva deciso di assalirla, ma un ufficiale si alzò dichiarando: "Io sono contrario. Yuan Shao è morto senza designare un successore, e ora Tan e Shang devono contendersi il controllo delle quattro regioni. Se noi li attacchiamo in forze, metteranno da parte i loro dissidi e uniranno le forze ma, se lasciamo loro il tempo per respirare, ben presto si ritroveranno uno contro l'altro. Dirigiamoci invece verso sud per conquistare la regione di Jing. Potremo essere di ritorno entro brevissimo tempo quando cominceranno a litigare".

"Giusto!", rispose Cao Cao, e ordinò di togliere le tende, lasciando solo il generale Jia Xing a sorvegliare Liyang.

Mentre le truppe si allontanavano, Tan mandò a dire a Shang: "L'ultima volta i miei uomini sono stati sconfitti perché avevano armature vecchie e logore. Ora Cao Cao si sta ritirando, quindi i suoi soldati non sono pronti a combattere. Se ora lanciamo un attacco congiunto, li sconfiggeremo facilmente". Shang, però, sospettava che il fratello avesse intenzioni diverse, quindi non gli inviò né rinforzi né nuove armature. Tan, furioso, rivolse i suoi uomini contro il fratello, dirigendosi a nord e cercando alleati. La maggior parte dei signori locali, però, rimase fedele a Shang. Tan si ritrovò accerchiato e in posizione di netta minoranza, per cui mandò un messaggero a chiedere l'aiuto di Cao Cao, il quale non aspettava altro che l'opportunità di approfittare di un momento di discordia tra i due fratelli per impadronirsi delle prospere regioni che essi si contendevano, cosa che fece infliggendo loro pesanti sconfitte (a nulla valse l'aiuto dell'altro fratello Xi e l'intervento di tribù nomadi alleate degli Yuan) e convincendo gran parte dei signori locali a giurargli fedeltà. Nel 207 Cao Cao era ormai il signore delle quattro regioni.

All'inizio degli anni Trenta del secolo scorso, i giapponesi offrirono un buon esempio di sfruttamento di questo principio, rimanendo tranquillamente in attesa degli esiti delle lotte interne in Cina tra il Kuomintang e i comunisti, lotte che si fecero sempre più sanguinose fino a quando le due fazioni, ormai paralizzate, assistettero nel 1931 all'invasione della Manciuria da parte delle truppe imperiali del Sol Levante. E non fu tutto perché, una volta esaurita la Lunga Marcia dei comunisti cinesi da sud verso le pianure nord-occidentali, i giapponesi furono di nuovo in grado di sferrare l'offensiva, lanciando nel 1938 l'invasione della Cina.

STRATAGEMMA 10

笑裏藏刀

Xiao li cang dao

Celare un pugnale dietro un sorriso

*Consiste nell'ingraziarsi il nemico, inducendolo a fidarsi e a trascurare le normali precauzioni. Una volta ottenuta la sua fiducia, diviene possibile assalirlo in segreto. Il riferimento è all'esagramma n. 58 dell'*I:Ching, *Tui, il Sereno (o il Lago), la cui sentenza recita: "Il sereno significa allegria. Il solido nel mezzo, il tenero fuori, rallegrarsi ed assieme a questo avere la perseveranza che favorisce, così si obbedisce al cielo e si corrisponde agli uomini". Vera letizia e sicurezza poggiano sul fatto che all'interno sussistono saldezza e forza, le quali verso l'esterno appaiono temperate e miti.*

Per superare in astuzia il nemico, i samurai si servivano anche dell'inganno: in questa illustrazione, un samurai nasconde un pugnale all'interno di un'apparentemente inoffensiva biwa (un tipo di liuto)

Nel folklore cinese si parla di "tigre sorridente" a proposito di una persona con atteggiamento affabile e cuore crudele. In guerra è difficile creare una situazione di questo genere, che richiederebbe l'assoluta mancanza di sospetto da parte del nemico, un'eventualità assai rara.

L'insegnamento è quello di non esprimere mai ira o sarcasmo, poiché sono indizi di debolezza e rivelano fin troppo apertamente le motivazioni di fondo. Questo stratagemma non deve essere considerato unicamente come un invito al tradimento: soprattutto, esso esprime la possibilità che una persona sia forte, pericolosa e gentile. Chi è in grado di estrarre all'improvviso e risolutamente un pugnale nascosto nella cintura va preso molto più sul serio di chi brandisce l'arma alla minima provocazione. Le minacce, il sarcasmo e l'aperta ostilità non vanno mai a buon fine. È necessario dissociarsi dal proprio ego e colpire al momento giusto, non solo perché ci si sente gratificati dall'attacco. Una volta assunto questo atteggiamento di fronte agli altri, sarà facile guadagnarvi il loro rispetto. E sorridete sempre, con la certezza che nessuno potrà sottovalutarvi.

Quando il nemico è forte e non può essere agevolmente vinto, è opportuno far sì che si insuperbisca, trattandolo con parole umili e doni generosi, aspettando fino a quando rivelerà i suoi punti deboli per sconfiggerlo una volta per sempre. Il principio è: "Quando il nemico è umile, rendilo orgoglioso"[27].

Du Mu nota a questo proposito: "Se il nemico ci invia messaggeri con parole gentili e nello stesso tempo rafforza le sue difese come se avesse paura di noi, forse sta cercando di gonfiare il nostro orgoglio e indurci ad allentare la sorveglianza, prima di lanciare un attacco decisivo".

Come abbiamo detto in precedenza, lo stratagemma impone di dissociarsi dal proprio ego. E, in fondo, questo "spogliarsi dell'ego" costituisce un obbligo per i praticanti delle arti marziali tradizionali, perché solo in tal modo si può essere sicuri di "colpire" al momento giusto, quando la mente non è offuscata da desideri o ansie, ambizione o paura. In questa accezione, il "sorriso" è quello del Buddha, della mente che, presente a se stessa, vede passare i pensieri senza attaccamento, dello specchio che immobile riflette qualsiasi cosa gli passi davanti, del maestro di arti marziali il quale, carico di anni e di esperienza, è in grado di eseguire una mossa fulminea, vibrare un fendente con la spada o scoccare una freccia mantenendo una perfetta imperturbabilità e perfino sorridendo. Se si riesce a comprendere questo "non atteggiamento", questo essere "calmi come l'oceano" che nasconde un oceano di attività e di possibilità, si può sperare di cogliere un barlume del significato del principio del *Wu-wei* (non agire) enunciato dal *Tao-tê-ching* come ricetta di suprema efficacia.

Lo stratagemma nella storia

La caduta della dinastia Han venne seguita da molti anni di lotte sanguinose tra i signori della guerra, ciascuno dei quali si dichiarava formalmente fedele a un imperatore fantoccio. Soltanto tre di essi sopravvissero e diedero vita ai Tre Regni. Questo periodo vide la sconfitta di Guan Yu, noto come il più glorioso guerriero della storia cinese, che fu canonizzato come dio della guerra dalla dinastia Ming e in onore del quale furono costruiti migliaia di templi. La sua fama si basava su una incrollabile fedeltà ad amici e alleati, nonché su eccezionali imprese mi-

[27] *Bai Zhan Qi Fa*, cit., "Battaglia di orgoglio".

litari. Tuttavia, il suo tratto più notevole era costituito dall'orgoglio, e fu questo infine a portarlo alla rovina.

A partire dal 219 d.C., Guan Yu guidò l'esercito di Shu in una serie di campagne vittoriose contro Wei, conquistando diverse città strategiche. Cao Cao, signore di Wei, inviò messaggeri nello Stato di Wu per convincere Sun Quan a unirsi a lui nel tentativo di respingere Guan Yu, il quale era stato posto dal suo signore a capo della guarnigione che occupava la città strategica di Jingzhou. Desideroso di attaccare Fancheng nel regno di Wei, Guan Yu si era allontanato da Jingzhou, e Sun Quan colse al volo l'occasione di impadronirsi di quest'ultima. Quando il comandante in capo delle sue truppe arrivò a Lukou per accamparsi, seppe dagli esploratori che la riva del fiume era protetta da numerose torri di segnalazione e gli uomini che difendevano Jingzhou sembravano assai ben addestrati e vigili. In preda all'ansia e alla frustrazione, Lü Meng, il generale dell'esercito di Wu, cadde ammalato, ma un giovane ufficiale lo rassicurò. "Ho una ricetta per curare la tua malattia", disse. Lü Meng lo guardò sorpreso, e immediatamente mandò via i servi per ascoltarlo.

"Tu sei preoccupato per le torri di segnalazione e per l'evidente preparazione delle truppe nemiche, ma il mio piano eliminerà entrambi gli ostacoli. Guan Yu è molto presuntuoso e sono assai poche le persone che egli considera suoi degni avversari. Adduci a pretesto la tua indisposizione, affidando il comando di Lukou a un ufficiale sconosciuto, il quale lusingherà la vanità di Guan Yu con una lettera piena di adulazione; con tutta probabilità, quest'ultimo diminuirà la propria vigilanza e trasferirà il grosso degli uomini a guardia di Jingzhou, inviandoli come rinforzi per il suo assedio a Fancheng. Dopo di che, utilizzerò un altro stratagemma per far sì che tu possa impadronirti della città scarsamente difesa".

Compiaciuto, Lü Meng si recò a parlare con il suo signore, spiegandogli che, per evitare di insospettire il nemico, la cosa migliore era affidare il comando delle forze al giovane ed esperto, ma sconosciuto, ufficiale che aveva architettato il piano, che si chiamava Lu Xun. Immediatamente questi inviò a Guan Yu un messaggero con magnifici doni: cavalli di razza purissima, stoffe preziose e vino. Guan Yu, che si era momentaneamente allontanato da Fancheng per curare una ferita, ricevette il messaggero e poi, puntando un dito verso di lui, esclamò in tono sprezzante: "Sun Quan è pazzo, se intende davvero oppormi un generale ancora in fasce!".

Il messo si inchinò fino a terra e gli consegnò la lettera di Lu Xun, scritta con le parole più umili. Quando l'ebbe letta, Guan Yu scoppiò in una fragorosa risata e scrollò le spalle, ritenendo già definita la situazione.

Lu Xun attese fino a quando il grosso delle truppe del generale nemico fu distaccato a Fancheng, poi chiese a Sun Quan di inviare a Jingzhou ottanta veloci navi con trentamila uomini. Nel frattempo, scelse fra i suoi soldati i migliori nuotatori e fece consegnare loro bianche vesti da mercanti. Quindi, le imbarcazioni con a bordo i finti mercanti e gli altri uomini nascosti attraversarono il fiume in direzione delle torri di segnalazione. Alla richiesta di identificazione da parte delle sentinelle, i soldati di Wu risposero di essere mercanti, spinti su quelle rive da un vento malvagio, e promisero di ripartire appena possibile. Accompagnarono le loro parole con doni generosi, e gli uomini di guardia non ebbero più nulla da ridire.

Alle due del mattino seguente, i trentamila uomini nascosti scivolarono fuori dalle navi, catturarono tutte le sentinelle e ne costrinsero alcune, minacciandole di morte e tentandole con la promessa di ricompense, a precederli fino alle mura di Jingzhou per convincere le guardia ad aprire le porte. La città venne conquistata praticamente senza combattere, e Guan Yu cadde in un'imboscata mentre cercava di correre in soccorso dei suoi uomini.

In Occidente, la battaglia di Salamina, combattuta nel 480 a.C. tra Greci e Persiani e raccontata da Erodoto, fornisce uno dei tanti esempi di applicazione di questo stratagemma.

Serse, figlio di Dario, aveva promesso al padre morente di punire la Grecia per l'aiuto precedentemente fornito alle province ribelli della Ionia. Dopo la grande vittoria conseguita sui Persiani a Maratona nel 490, i Greci non si erano concentrati come i loro avversari sulla guerra imminente. Atene, Sparta e gran parte delle altre *polis* (città-Stato) avevano ripreso a polemizzare e litigare tra loro; tuttavia, nell'inverno del 481, quando giunse la notizia dell'avvicinarsi delle forze di Serse, si decisero finalmente a superare i contrasti, indicendo una conferenza panellenica nell'istmo di Corinto sotto la presidenza di Sparta, anche se molte delle polis del nord non inviarono rappresentanti. Quando i Greci consultarono il famoso oracolo di Delfi, ricevettero un responso estremamente negativo: Atene sarebbe stata distrutta, mentre le altre polis si sarebbero salvate se si fossero tenute in disparte. Fu fatto un secondo tentativo, e questa volta la risposta fu più positiva, anche se piuttosto ambigua: gli Ateniesi avrebbero dovuto difendersi dietro "i muri di legno", il che poteva significare sia le mura della città, sia le murate delle loro navi.

Una forza di 7000-8000 uomini al comando del re Leonida di Sparta era attestata al passo delle Termopili, un tratto di costa lungo il golfo Maliaco. Trecentotrentatré navi presidiavano il braccio di mare attraverso cui avrebbero dovuto transitare quelle persiane, se volevano continuare a rifornire l'esercito. I Greci speravano in una battaglia navale decisiva, mentre l'esercito rappresentava soltanto una scusa per costringere la flotta nemica a entrare in quelle acque anguste. Per loro fortuna, gli avversari incapparono in una tempesta, perdendo 400 unità da guerra; Temistocle, che comandava le navi ateniesi, consigliò di attaccare immediatamente, approfittando del disastro. Furono combattute due battaglie, ma entrambe finirono in parità; i Greci, tuttavia, si ritirarono quando giunse la notizia che le loro forze alle Termopili erano state tradite e sopraffatte dopo un'eroica resistenza del re Leonida con le sue 300 guardie del corpo.

Mentre l'esercito persiano avanzava, gli abitanti di Atene decisero di abbandonare la città, lasciando soltanto un contingente a difesa dell'Acropoli: le loro speranze erano riposte nelle murate di legno delle navi greche. Temistocle guidò la flotta nelle acque racchiuse tra la costa sotto Atene e l'isola di Salamina. Se i Persiani avessero aggirato Salamina su entrambi i lati, i Greci si sarebbero trovati imbottigliati; tuttavia il comandante ateniese scelse quella pericolosa posizione per indurre gli avversari ad attaccare, invece di aggirarli per dirigersi direttamente verso gli Spartani attestati a difesa dell'istmo di Corinto. Nel frattempo, l'esercito di Serse sbaragliava i difensori e dava alle fiamme la città. Mentre la flotta persiana si avvicinava, sorsero dissensi tra i capi di quella greca. Il comandante in capo era lo spartano Euribiade, anche se il contingente navale di Sparta era esiguo: questa città guidava l'intera difesa greca, quindi anche al comando della flotta doveva esservi uno spartano. Molti capitani non volevano mettersi nella pericolosa posizione suggerita da Temistocle, che però l'ebbe vinta quando minacciò di ritirare le navi ateniesi (che costituivano il grosso dell'intera forza navale), lasciando le altre al loro destino. Poi, la mattina del 22 settembre 480, egli rischiò ancora più grosso: inviò segretamente un messaggio a Serse, offrendogli il proprio tradimento nel mezzo della battaglia, se la flotta persiana avesse attaccato. Non aveva alcuna intenzione di farlo, ma questo forzò la mano a Serse, così come costrinse gli altri capitani a combattere quando le navi nemiche remarono verso di loro la mattina del 23 settembre.

Serse inviò un contingente di 200 navi egiziane ad aggirare la costa occidentale di Salamina per impedire una ritirata greca, mentre il resto della flotta penetrava nelle ristrette acque da est, entrando direttamente nella trappola di Temistocle. Le 1000 navi furono costrette a dividersi per spingersi nel canale di Salamina, troppo angusto per consentire la manovra a un numero così grande di imbarcazioni. La flotta persiana faceva affidamento sulla velocità e la manovrabilità, ma a questo punto aveva perso sia l'una che l'altra. Le 370 galee greche, più grandi e pesanti, non dovettero fare altro che remare in avanti tra le disorientate unità avversarie, urtandole e speronandole nella loro avanzata. Per 7-8 ore il rumore del legno fatto a pezzi e le urla di battaglia e di morte giunsero alle orecchie di Serse, seduto su un trono, intento ad assistere a quello che avrebbe voluto fosse il suo *coup de main* navale. Invece, vide più della metà della sua flotta distrutta, mentre i Greci persero soltanto quaranta navi.

La flotta persiana aveva dominato il Mediterraneo orientale per mezzo secolo, con i Fenici che ne costituivano il grosso e le città ioniche che fornivano navi e basi. Inoltre, la colonia fenicia di Cartagine, agendo d'accordo con la Persia, estendeva l'egemonia di quest'ultima su quasi tutto il Mediterraneo. Dopo Salamina, la situazione si capovolse. Fino al 331 a.C., quando venne sconfitto da Alessandro il Grande, l'impero persiano conservò una flotta di tutto rispetto; dopo la vittoria di Salamina, però, fu quella ateniese a dominare i mari per decenni.

STRATAGEMMA 11

李代桃僵

Li dao tao jiang

Sacrificare il pruno per salvare il pesco

Possono rendersi necessari sacrifici individuali per raggiungere un obiettivo più importante. Come afferma un antico detto cinese, se la perdita è inevitabile, è opportuno diminuire yin (interesse parziale) per accrescere yang (interesse generale). In Cina, nel gioco degli scacchi, si dice "sacrificare un pedone per salvare una torre", e un'antica poesia sull'amore fraterno, scritta nel periodo della dinastia Han, recita:

Un pesco cresce vicino a una sorgente di rugiada,
Un pruno cresce vicino al pesco.
Il pesco viene attaccato dai vermi,
Il pruno si lascia morire in sua vece.
Anche gli alberi si sacrificano l'uno per l'altro,
Come potrebbero i fratelli essere da meno?

Non è possibile combattere senza sacrificare qualcosa, perciò, in guerra come in pace, bisogna fissare bene le priorità, in modo da sapere in anticipo cosa può essere sacrificabile per raggiungere un obiettivo più importante.

Li Su, un generale della dinastia Tang, disse:

> Chi guarda lontano tende a trascurare ciò che è vicino, e chi si preoccupa solo delle grandi cose non vede i dettagli. Se ti inorgoglisci per una piccola vittoria e ti rammarichi per una piccola sconfitta, ti metterai in trappola da solo e perderai l'opportunità di acquisire meriti.

Nel mondo degli affari, il "sacrificio del pruno" è all'ordine del giorno. Quotidianamente leggiamo sui giornali di grandi fusioni di aziende, che ne "incorporano" altre più deboli per ottenere vantaggi a lungo termine. Di solito, però, questa strategia viene attuata solo quando si è forti in un diverso settore della propria attività, onde evitare che un eventuale fallimento trascini a fondo ogni prospettiva di futuro guadagno.

Nell'ambito delle arti marziali tradizionali, come ad esempio il Kyudo, tale "sacrificio" richiama invece direttamente l'etimologia della parola, quel *sacrum facio* che implica la totale assenza di qualsiasi forma d'individualismo, l'assoluta abnegazione di sé nella ricerca della Perfezione. Chi pratica la *Yumi-no-michi* (la Via dell'Arco giapponese), in perenne lotta con il proprio ego, non può agire in modo "tiepido", affidandosi alla sola tecnica o all'esperienza per essere sicuro di fare centro, ma deve *sacrificare* (rendere sacro) quanto di contingente e illusorio vi è nelle sue azioni, "trasmutandolo" nell'intenzione pura e adamantina, libera da attaccamenti. Il *mato* (bersaglio) non perdona e anzi, sfida continuamente l'arciere, che solo con la più completa e continua dedizione, mettendo tutto se stesso nel tiro e raggiungendo lo stato meditativo di *Mushin* (la "non mente" o, in altri termini, la mente consapevole della propria inconsapevolezza), potrà diventare "tutt'uno con il bersaglio" o, per usare le parole del maestro zen Kokushi:

> Può non colpire,
> Ma non può mancare!

LO STRATAGEMMA NELLA STORIA

Secondo molti scrittori, la caduta della dinastia Ming e la conseguente occupazione della Cina da parte del popolo manciù fu dovuta alla defezione di Wu Sangui, il generale Ming che aveva l'incarico di difendere il passo di Shanhai all'estremità orientale della Grande Muraglia.

Negli ultimi anni del suo regno, la dinastia Ming fu costretta a combattere due guerre, una contro le invasioni dei potenti Manciù dalle frontiere settentrionali e l'altra nel cuore stesso dello Stato, contro le bande ribelli di contadini affamati, che inflissero pesanti perdite alle truppe imperiali.

Nel terzo mese del 1644 Li Zicheng, uno dei capi della rivolta contadina, avanzò verso Pechino con sorprendente rapidità, travolgendo qualsiasi ostacolo sulla sua strada. L'imperatore Chongzhen fu colto dal panico e ordinò immediatamente a Wu Sangui, che governava la regione di Jing, di guidare le sue truppe a marce forzate verso la capitale. Nel corso del viaggio, però, quest'ultimo seppe che Li Zicheng si era già impadronito di Pechino, le cui difese erano state così inefficaci che l'intera città era caduta senza bisogno di combattere. L'imperatore, in preda alla disperazione e abbandonato da guardie e cortigiani, si era impiccato. Indeciso sull'atteggiamento da adottare, Wu Sangui si ritirò verso il passo di Shanhai, dove ben presto lo raggiunse un ordine di resa da parte di Li Zicheng, con la minaccia di uccidere tutti i membri della sua famiglia se non avesse obbedito. Ancora indeciso, Wu avanzò comunque verso ovest, fermandosi nella città di Luanzhou, dove venne a conoscenza dell'avvenuta esecuzione dei familiari, una notizia che avrebbe segnato non solo la sua sorte, ma anche il fato dell'impero cinese. Tornò in tutta fretta al passo di Shanhai interrompendo i negoziati con Li Zicheng, e chiese l'aiuto delle truppe manciù al principe reggente di quel popolo, Dorgon, implorandolo di attraversare il passo per unirsi alle sue forze e riconquistare la capitale caduta nelle mani di "predoni vagabondi che hanno osato rivoltarsi contro il Cielo, occupando il palazzo imperiale e usurpando un titolo non loro".

Era una notizia fin troppo buona per i Manciù: all'improvviso l'imprendibile passo di Shanhai, che tanto a lungo aveva frustrato tutte le loro ambizioni, si spalancava verso Pechino. Dorgon rispose al messaggio di Wu Sangui, promettendo di aiutarlo a vendicare l'imperatore Ming e salvare dalla miseria il popolo cinese.

Nel frattempo, venuto a conoscenza del patto tra Wu e i Manciù, Li Zicheng in persona guidava duecentomila uomini all'assedio del valico, ordinando a un contingente più piccolo di attraversare la Grande Muraglia da un'altra parte e avvicinarsi da nord al passo, ormai circondato dalle truppe.

Quando l'esercito manciù, guidato da Dorgon, arrivò nei pressi, fu dapprima assalito dal piccolo contingente, che fu messo in fuga senza molta fatica. Poi, Dorgon ricevette nella sua tenda Wu Sangui, appena giunto con la sua guardia per giurargli fedeltà, pronto ad accettare qualsiasi condizione gli venisse posta, perfino il taglio dei capelli (considerati dai cinesi come una parte sacra del corpo) alla maniera manciù.

Dorgon era ben consapevole dell'entità delle truppe di Li Zicheng, che superavano di gran lunga i due eserciti alleati, e adottò la strategia che sarebbe stata seguita dai Manciù per tutto il corso della loro avanzata e che prevedeva di "far combattere il cinese contro il cinese". Ordinò a Wu Sangui di avanzare per primo sul campo di battaglia, mentre imperversava una violenta tempesta di sabbia. L'inferiorità numerica degli uomini causò la loro completa disfatta, e Dorgon attese fino al loro completo annientamento per ordinare ai suoi uomini di intervenire contro l'esercito di Li Zicheng, già spossato dalla furiosa lotta e dalle avverse condizioni atmosferiche. Si dice che quest'ultimo fosse il primo a voltare il proprio cavallo e a fuggire, lasciando il passo nelle mani del nemico, che con poche altre vittoriose battaglie riuscì a impadronirsi dell'impero.

Un tipo di sacrificio come questo può implicare gravi questioni morali, come quando, durante la Seconda guerra mondiale, i nazisti decisero di attaccare Coventry. Gli inglesi conoscevano benissimo le loro intenzioni, poiché erano appena riusciti a decifrare i codici tedeschi, ma si trovarono di fronte a un gravissimo dilemma: rafforzare le difese della città, in tal modo rivelando al nemico l'avvenuta decrittazione, o rimanere inattivi e lasciare la città al suo destino? Migliaia di civili rimasero uccisi nell'attacco, ma la guerra dei codici segreti volse infine a favore degli Alleati.

Un'altra questione morale dibattuta ancora oggi riguarda le due bombe atomiche sganciate su Hiroshima e Nagasaki per ordine del presidente americano Truman, azione motivata, così si disse, dalla volontà di evitare l'invasione del Giappone, che avrebbe causato un numero di vittime assai maggiore di quello pure spaventoso provocato dalle due esplosioni nucleari. Le parole di Truman, "Riusciremo a concludere quanto prima questa guerra. E pensate ai bambini che non saranno uccisi", echeggiano ancora nei corridoi degli ospedali delle due città giapponesi che non hanno mai finito di curare gli effetti devastanti di quel "necessario" sacrificio.

STRATAGEMMA 12

順手牽羊

Shun shou qian yang

Portar via la pecora che capita sotto mano

Bisogna sfruttare qualsiasi opportunità, per quanto piccola, e approfittare di qualsiasi vantaggio, anche se minimo. L'aneddoto riguarda un vagabondo che, camminando lungo una strada, si trovò ad aprirsi la strada attraverso un gregge di pecore; quando emerse, aveva con sé una pecora, ma si comportò in modo tanto spontaneo e naturale che il pastore non se ne accorse nemmeno.

Per portare via una pecora si deve scegliere il momento e il punto opportuno, in cui è meno probabile l'intervento di una terza parte. Se, ad esempio, si prende la pecora nel momento in cui compare il lupo, l'esito potrebbe rivelarsi imprevedibile: il lupo potrebbe divorare sia la pecora che l'uomo, oppure quest'ultimo, lottando con il lupo, potrebbe lasciarsi sfuggire la pecora e, in ogni caso, non riuscirebbe a evitare conseguenze negative.

D'altro canto, è necessario accertarsi che una pecora sia veramente tale, e non un lupo. È vero che una pecora non afferrata in tempo può trasformarsi in un lupo ansioso di provare denti e artigli, come è vero che un lupo troppo orgoglioso della propria forza potrebbe da un momento all'altro divenire una pecora indifesa.

È necessario quindi approfittare di qualsiasi occasione per rafforzare se stessi e indebolire il nemico: una piccola vittoria, come una singola mossa in un gioco di scacchi, può decidere l'esito finale dello scontro.

Sfruttare le opportunità non significa soltanto imporsi sulle debolezze, ma anche, ad esempio, raccogliere tutte le informazioni che l'avversario imprudentemente fornisce, osservare come tratta gli altri, notare cosa lo preoccupa o lo acceca, lo irrita o lo spaventa. Ciò che l'altro considera irrilevante e le cose che si lascia sfuggire costituiscono un materiale prezioso da organizzare e impiegare a proprio vantaggio.

> Il metodo di vincere sempre cambiando tattica si basa sul concetto di afferrare le opportunità. Se si manca di saggezza, come si può agire sfruttando le occasioni? A tal fine, nulla è più importante dell'elemento sorpresa. Pertanto, quando perde le sue difese naturali, una fiera può essere abbattuta da un bambino con una lancia; quando un verme fa schizzare il suo veleno, anche un uomo forte può cadere in preda al panico. Ciò accade perché il pericolo interviene troppo repentinamente, e non è possibile mantenere la presenza mentale[28].

E ancora:

> Agisci rapidamente quando percepisci un vantaggio, e fermati quando non ve ne è alcuno. Per conseguire un vantaggio e cogliere al volo le occasioni non devi permetterti un solo momento di respiro: agire un istante prima è troppo presto, agire un istante dopo è troppo tardi[29].

Oggi si sente parlare spesso di "nicchie di mercato", un ambito in cui questa strategia trova la sua più felice applicazione e che spesso rende ragione del successo di molti grandi e piccoli "innovatori", tanto abili da intravedere possibilità economiche in settori lasciati liberi da altri. Il consiglio insito in tutto ciò è: non trascurare mai nemmeno la più piccola opportunità, e cercare sempre di rendersi indispensabili.

Inoltre, è da tener presente che l'uso di questo stratagemma è un'arma psicologica a doppio taglio, soprattutto nell'ambito dei rapporti interpersonali, come ben sanno i terapeuti, che stimolano continuamente il cosiddetto "feedback positivo" nei confronti di bambini o soggetti difficili per abituarli a inserirsi meglio nell'ambiente in cui vivono e operano.

[28] *Jiang Yuan* ("L'arte del comando"), "Cogliere l'occasione".
[29] *Wu Jing Zong Yao*, cit.

Lo stratagemma nella storia

Tra i vari eroi militari emersi durante il regno dell'imperatore Xuanzong, della dinastia Tang, vi fu il generale Li Guangbi, che più degli altri si preoccupò di riportare la disciplina nell'inefficiente e disorganizzato esercito imperiale. Le truppe ai suoi ordini divennero famose per la loro ottima condotta in guerra. Durante la ribellione di An Lushan, che avrebbe infine portato all'esilio dell'imperatore, Li Guangbi, insieme ad altri generali, ricevette l'ordine di fermare l'avanzata verso Luoyang (la capitale orientale) di Shi Siming, che aveva appena assunto il controllo della città di Anyang, caposaldo dei ribelli.

Giunto a Luoyang, Li Guangbi chiese al reggente Wei Zhi: "Dal momento che i sovversivi marciano con spirito vittorioso, per noi è opportuno attendere, senza lanciarci subito in battaglia. Qual è, quindi, il tuo piano?". Wei suggerì di indietreggiare a ovest, verso Tongguan, per resistere al nemico approfittando delle barriere naturali, ma Li dissentì. "Non è opportuno ritirarsi per cinquecento *li*: ciò non avrebbe altro effetto che quello di far salire alle stelle il morale del nemico. Dirigiamoci invece a nord-est, verso Heyang (nell'attuale provincia dell'Henan, sulla riva settentrionale del Fiume Giallo), da dove potremo avanzare o ritirarci secondo le circostanze".

Quando Shi Siming entrò a Luoyang, trovò la città vuota ma, temendo che le truppe imperiali potessero tornare da un momento all'altro, non occupò i palazzi imperiali; si diresse invece a nord della città e fece costruire un baluardo a forma di mezzaluna per ostacolare le mosse di Li Guangbi. Così, i due eserciti si fronteggiarono sulle rive del Fiume Giallo.

Shi Siming possedeva più di mille splendidi destrieri da battaglia, e ogni mattino li faceva portare sulla riva sud del fiume per ostentare la propria forza. Li Guangbi ordinò di radunare cinquecento giumente della sua cavalleria, e di condurle al fiume, lasciando i puledri al campo. Le giumente cominciarono a nitrire forte per protesta, e i cavalli di Shi, lasciati liberi a pascolare sulla riva opposta del fiume, lo attraversarono a nuoto per raggiungerle. Li Guangbi li fece condurre all'interno delle mura di Heyang, guadagnando centinaia di cavalli in cambio di nulla.

Infuriato, Shi Siming inviò centinaia di navi da guerra, precedute da alcune imbarcazioni date alle fiamme, che però furono fermate da un altro stratagemma di Li Guangbi: lunghi pali di legno molto resistente con un tridente di ferro sulla punta, che tennero lontane le imbarcazioni dalla riva, consentendo alle truppe imperiali di scagliare pesanti massi con le catapulte sulle navi ribelli, che furono pertanto costrette a ritirarsi.

Infine, Shi Siming decise di cingere d'assedio con tutte le sue truppe la città di Heyang. Dopo aver subito diverse sconfitte, i ribelli si lanciarono all'attacco della fortezza centrale, difesa dallo stesso Li Guangbi e protetta da palizzate e da un fossato largo e profondo più di sei metri. L'ufficiale ribelle Zhou Zhi ordinò ai suoi uomini di riempire il fossato e fare a pezzi le palizzate. Li Guangbi inviò Yuan Li con una compagnia dei soldati migliori a difendere la fortezza e salì sulla torre nord-orientale per osservare. Ma i nemici avanzarono senza quasi incontrare resistenza, e quindi Li Guangbi tornò per ammonire il suo ufficiale: "I ribelli riempiono il fossato e travolgono le palizzate, ma tu rimani qui senza far nulla. Perché mai?".

"Vuoi combatterli o soltanto difendere la città?", chiese di rimando Yuan Li.

"Combattere, naturalmente!".

"E allora perché dovremmo impedire loro di preparare il terreno per la battaglia?".

"Buona idea!", esclamò Li Guangbi. "Non ci avevo pensato".

Quando i ribelli ebbero terminato di riempire il fossato e liberare il campo, gli uomini migliori dell'esercito imperiale si gettarono su di loro, vanificando il loro assalto. Per sconfiggerli completamente, però, fu necessaria un'ultima, durissima battaglia, durante la quale le truppe imperiali diedero prova di grande audacia e disciplina.

STRATAGEMMI PER UN ATTACCO DIRETTO

Due di questi stratagemmi si basano sulla minaccia, due sulla tentazione nei confronti dell'avidità del nemico e due sui preliminari, sulle supposizioni o sul morale del nemico stesso. Il riferimento all'"attacco diretto" dimostra che il combattimento si svolge innanzi tutto nella mente: quando si conosce il pensiero dell'avversario, l'offensiva sarà certamente coronata da successo. Va sottolineato, però, che in tal modo si resta esposti a controffensive e rappresaglie, ed ecco perché questi stratagemmi mirano anche a minimizzare il relativo rischio.

STRATAGEMMA 13

打
草
驚
蛇

Da cao jing she

Battere l'erba per spaventare il serpente

Quando l'avversario si dimostra riservato e imprevedibile, è opportuno creare qualche sorta di stimolo per vedere come reagirà. Si tratta di uno stratagemma molto usato nello Zen, che fa uso di aneddoti e storie allo scopo di mettere alla prova le persone per scoprire come funziona la mente. Quindi, prima di agire, è opportuno accertare le intenzioni del nemico, per poi tornare e portare alla luce i suoi segreti.

*Tutto ciò può essere desunto dall'esagramma n. 24 dell'*I:Ching*: Fu, il Ritorno (il Tempo del Volgimento), che rappresenta il simbolo del tuono (Cenn) al di sotto della terra (Kkunn). Esso è riferito al solstizio d'inverno nell'undicesimo mese lunare, durante il quale ogni cosa sotto la terra è ancora avvolta dal freddo e dalla neve (come indicano le cinque linee yin), ma le radici delle piante e i semi cominciano a germogliare nelle viscere della terra stessa. Pertanto, l'esagramma introduce un nuovo ciclo di sviluppo e progresso. Così come l'inverno cede lentamente il passo alla primavera, è necessario agire con cautela in imprese difficili e non si avrà nessun rimorso se, dopo aver commesso un errore, si sarà in grado di tornare sui propri passi per tempo.*

Il marchese Wu di Wei chiese: "Di fronte alle forze nemiche, se non conosco il loro generale e voglio avere un'idea della sua forza, quale metodo devo seguire?".
Wu Qi replicò: "Invia un sottufficiale al comando di una compagnia formata da pochi uomini per effettuare un test, con lo scopo di sfidare le forze nemiche, non di dare battaglia. In tal modo, potrai osservare i nemici che li inseguiranno. Se questi ultimi rimangono ordinati nell'azione e nell'immobilità, ritardano deliberatamente il loro inseguimento e ignorano le lusinghe di un facile guadagno, il loro generale è saggio e farai meglio a evitarlo. Se invece fanno molto rumore, ostentano disordinatamente stendardi e armi, si muovono senza attendere gli ordini, brandiscono le spade a casaccio, si esauriscono nell'inseguimento e si lanciano furiosamente in avanti alla prospettiva di un vantaggio, allora hanno un generale stupido, e potrai catturarlo anche se le sue forze sono superiori"[30].

Un comportamento calmo e diretto nelle discussioni di ogni sorta renderà più credibili le parole pronunciate e farà sì che il nemico si senta minacciato anche senza palesi avvertimenti. Invece di formulare minacce, colui che agisce saggiamente predispone le circostanze o compie azioni che creano la minaccia. Ad esempio, una donna che si accorge di essere pedinata, invece di minacciare di chiamare la polizia deve chiamarla direttamente, sorprendendo con ciò il malvivente con un'azione decisa e lasciando che siano gli agenti a risolvere il problema. Allo stesso modo, una persona che continua ad essere tormentata per un debito che ha già pagato deve rivolgersi direttamente all'autorità per far sì che il creditore, rendendosi conto del pericolo di serie conseguenze, si ritiri in buon ordine, con ciò rivelando la slealtà del suo comportamento. Le azioni preliminari che non vincolano a un comportamento univoco possono nondimeno sorprendere un avversario e costringerlo a manifestare le proprie intenzioni e finalità. È questo il motivo per cui questa strategia trova largo uso nel mondo dello spionaggio, oltre che, ovviamente, nel marketing e nella politica.

Nel *Libro del fuoco*, quando parla di come prendere l'iniziativa in un attacco con la spada (*ken-no-sen*), Musashi afferma:

30 *Wu Zi* ("Libro del maestro Wu"), cap. IV.

(...) Si può anche agire in modo che l'attacco appaia molto violento e veloce, conservando tuttavia qualche riserva nell'intenzione per non spendere ogni energia nel primo attacco.
Ancora: avanza con la massima decisione e a contatto col nemico, muovi il piede un poco più velocemente di quanto è richiesto per un attacco normale, sorprendendolo e travolgendolo con quest'inganno[31].

Lo stratagemma nella storia

Quando Li Yuan si autoelesse terzo imperatore della dinastia Tang, nel 618, dovette subito difendere il suo titolo da numerosi altri pretendenti al trono e, con l'aiuto dei due figli, fece ampio uso di strategie e diplomazia per rafforzare il proprio potere. Nel 620 erano rimasti soltanto due rivali per il controllo dell'impero: Wang Shichong, che comandava i resti dell'esercito della capitale orientale di Luoyang, e Dou Jiande, il capo ribelle che controllava l'area di Hebei. Tra i due non era mai corso buon sangue, ma quando le truppe imperiali, dopo aver conseguito una vittoria dopo l'altra, arrivarono vicino alle porte di Luoyang e assunsero il controllo strategico del passo di Hulao, a est della capitale, Wang Shichong si risolse a chiedere l'aiuto di Dou Jiande. L'arrivo di quest'ultimo, però, fu ritardato dalla campagna contro un altro capo ribelle.

Li Shimin, figlio di Li Yuan, ebbe appena il tempo di costruire baluardi di difesa, quando Wang Shichong fece uscire ventimila uomini dalla città, schierandoli sulla riva orientale del fiume Gu. La sua sortita, però, non ebbe successo, e le truppe furono costrette a ritirarsi in città. Gli imperiali, tuttavia, non ebbero sorte migliore, perché i ripetuti attacchi alle inespugnabili mura, protratti per oltre dieci giorni, non riuscirono ad aprire una sola breccia.

Li Shimin non si diede per vinto: sapeva che Luoyang era ormai isolata e non voleva ritirarsi per non concedere al nemico il tempo di riposare e riguadagnare il controllo sulle aree circostanti. Fu in questo momento di stallo che le truppe di Dou Jiande giunsero in aiuto di Wang Shichong.

A questa notizia, alcuni ufficiali di Li Shimin fecero pressione per abbandonare l'assedio, adducendo a motivo la stanchezza degli uomini e il pericolo di un attacco di Dou alla retroguardia dell'esercito. Si sarebbe

[31] Miyamoto Musashi, *Il libro dei cinque anelli*, cit., p. 96.

verificata, così dissero, la spiacevole situazione di dover combattere contemporaneamente due battaglie. Era meglio ritirarsi e attendere che i ribelli perdessero un po' della loro forza.

A queste recriminazioni, Li Shimin replicò: "L'esercito di Wang Shichong è esausto e senza cibo, e i suoi generali sono divisi. Non dobbiamo attaccare la città: il tempo farà il lavoro per noi. Al contrario, Dou Jiande torna da una campagna vittoriosa: i suoi uomini sono stanchi e i suoi generali troppo gonfi di orgoglio. Pertanto, possiamo facilmente contrastare la loro avanzata al valico di Hulao, evitando così che i ribelli ricongiungano le loro forze. Se ciò accadesse, quale opportunità avremmo mai di vederli 'perdere un po' della loro forza', come voi affermate?".

Li Shimin sapeva che Dou temeva la cavalleria imperiale, e pertanto avrebbe atteso che il nemico terminasse le scorte di foraggio, prima di attaccare. Inviò quindi una pattuglia in esplorazione, ordinando all'ufficiale di lasciare, al suo ritorno, alcuni soldati sulla riva del fiume per far pascolare un migliaio di cavalli.

Per tutta risposta, Dou Jiande fece attraversare il fiume dal suo esercito al completo, avvicinandosi al passo di Hulao con una minacciosa formazione spiegata per oltre dieci *li*. A quella vista, alcuni ufficiali Tang si spaventarono, ma Li Shimin li rassicurò: "Questi ribelli non hanno mai combattuto una vera battaglia. Si sono messi in una posizione assai pericolosa; ciò nonostante, fanno grande rumore: ciò dimostra la loro mancanza di disciplina. Inoltre, si sono accampati proprio di fronte alla nostra roccaforte: ciò dimostra quanto sottovalutino le nostre forze. Li attaccheremo solo quando cominceranno a stancarsi, e li sbaraglieremo". Dou Jiande mantenne la sua formazione fino a mezzogiorno, dopo di che i soldati cominciarono a stancarsi: alcuni si sedettero a terra, altri litigarono per l'acqua (faceva molto caldo).

Resosi conto di ciò, Li Shimin decise che era giunto il momento di dare battaglia, ma volle fare un'ulteriore prova, inviando un ufficiale e trecento cavalieri contro gli uomini di Dou, con ordini precisi. "Tornate immediatamente indietro se i nemici rimangono immobili; se cominciano ad agitarsi, invece, dirigetevi verso est e attaccateli".

L'avvicinamento del piccolo contingente fu accolto con grande tumulto, e quindi l'esercito Tang poté attaccare in massa e vincere con grande facilità. Susseguentemente, Wang Shichong si trovò nell'impossibilità di difendere la città e si arrese, ma la pacificazione completa dell'impero richiese altri tre anni.

STRATAGEMMA 14

借尸還魂

Jie shihuan hun

Prendere a prestito un cadavere
per rifondervi lo spirito

Usare ciò che viene sfruttato da tutti, ma qualcosa cui nessuno ha pensato; rimettere in opera un mezzo caduto in disuso, oppure scoprire nuovi impieghi per cose trascurate o considerate inutili. L'utile rifiuta di essere usato, l'inutile chiede di esserlo. Approfittare dell'inutile.

*Non io ricerco il giovane stolto, ma il giovane stolto ricerca me. Questa frase è presa dalla sentenza dell'esagramma n. 4 dell'*I:Ching, *Mong, la Stoltezza giovanile. Esso mostra il simbolo dell'acqua (Kkann) che sgorga ai piedi della montagna (Kenn), pura e simile a un'immagine dell'inesperta gioventù, e come quest'ultima suscettibile di essere guidata. Pertanto, l'esagramma significa educazione e illuminazione. In termini familiari, ciò significa che quando il capofamiglia diviene vecchio e inabile, il figlio può prendere le redini della famiglia. In un senso più ampio, quando un governante è debole e inefficiente, l'autorità può passare nelle mani di un subalterno risoluto che continua a mostrare un formale rispetto nei confronti del suo signore.*

Questo stratagemma fa riferimento all'uso in guerra di cose apparentemente inutili. Alla caduta di un governo, molti saranno coloro che si contenderanno il potere, ma il comandante saggio sa che le vittorie militari non bastano: deve assicurarsi in certa misura il sostegno popolare. A tal fine, deve promuovere tra la gente la propria legittimità al potere. Pertanto, può rivendicare il diritto alla successione (magari come discendente di una vittima dei precedenti governanti, se questi sono considerati corrotti, o come loro alleato, se il governo è caduto per colpa di uomini vendutisi al nemico). Ma se non può vantare tali diritti, onorerà come suo superiore una persona che li possiede, per sbarazzarsene poi quando avrà ben salde nelle sue mani le redini del potere.

Porre sul trono un re "fantoccio" rappresenta uno dei modi per ridare vita a un cadavere, in quanto fornisce credibilità a un colpo di stato militare. Gli Shogun giapponesi utilizzarono questo principio per secoli allo scopo di giustificare i loro sforzi per "proteggere l'imperatore" e in tal modo governare il Giappone. E non è un mistero per nessuno l'uso incondizionato che di questa tattica hanno fatto nell'ultimo secolo gli Stati Uniti (come anche l'Unione Sovietica), servendosi di governi "fantoccio" in varie zone del pianeta (preferibilmente in Paesi del Terzo Mondo) allo scopo di consolidare il proprio potere strategico e politico.

In epoca moderna, tanti slogan inventati a scopi elettorali o economici hanno lo stesso effetto. Citare i "valori familiari", "l'amore per la democrazia" o "l'amore per la natura e la genuinità" è un mezzo per acquisire credibilità, dedicandosi nel frattempo a giochi di potere politico o alla conquista di fette di mercato.

> In guerra, è di somma importanza aggrapparsi a un saldo sostegno, che è costituito dal buon nome e dalla virtù. Accertati di godere di un buon nome e screditа quello del nemico; proclama la tua virtù e rivela la mancanza di essa nei tuoi avversari. Solo allora il tuo esercito potrà attaccare con grande impeto, scuotendo cielo e terra. In qualunque direzione punterà il tuo vessillo, le truppe si scaglieranno in avanti con ardore, indebolendo l'animo del nemico[32].

Ma questa strategia ha anche una indubbia valenza positiva: chi di noi non è oppresso dalle ansie o dalle tensioni del lavoro? Secondo Tarthang Tulku, lama reincarnato della tradizione Nyingma, che ha

[32] *Tou Bi Fu Tan* ("Osservazioni di uno studioso dilettante sulla guerra"), cap. I.

trattato esaurientemente l'argomento nel suo libro *Mezzi idonei*[33], ciò avviene perché continuiamo a sentire la nostra attività lavorativa come qualcosa di estraneo a noi stessi, di alieno. Riuscendo invece a sviluppare un approccio integrato (cioè "rifondendo lo spirito" in ciò che riteniamo ostile a noi e perfino inutile), usando le ore lavorative come un terreno di esercitazione, potremo trasformarle in un processo di apprendimento dinamico, il che significa operare con "mezzi idonei": in altre parole, scoprire i limiti posti dalla mente che ostacolano i nostri sforzi, mettere tutte le nostre energie nell'interessarci attivamente a ciò che facciamo. In questo modo "dinamico", le complicazioni che possono sorgere ci conducono a liberarci delle limitazioni e a trasformare la situazione, aprendo per noi nuovi panorami di possibilità.

Lo stratagemma nella storia

All'inizio del 250 a.C., Chen Sheng lavorava come bracciante agricolo alle dipendenze di un ricco proprietario terriero. Un giorno, mentre riposava nei campi, fu assalito da cupi pensieri e disse ai suoi compagni: "Giuriamo solennemente che, se uno di noi diventerà ricco e nobile, non si dimenticherà degli altri".

I compagni gli risposero con una fragorosa risata. "Sei un bracciante pagato per arare i campi. Come potresti mai diventare ricco e nobile?". Chen Sheng trasse un profondo sospiro e replicò: "Ah! Che ne sanno le rondini delle aspirazioni dei cigni?".

Nel 209, il primo anno di regno del secondo imperatore Qin, novecento uomini furono inviati a presidiare la guarnigione di Yuyang, agli ordini di Chen Sheng e Wu Guang. Costretti a fermarsi per la pioggia torrenziale che bloccava le strade, si resero conto che non avrebbero raggiunto la destinazione in tempo. Secondo la legge di Qin, nota per la sua durezza, tutti i coscritti sarebbero stati puniti con la morte. Pertanto, i due capi cercarono un espediente per uscire indenni dalla situazione. Alla fine, poiché l'unica via d'uscita era la morte, decisero di morire per il Paese.

Chen Sheng rivelò il suo piano: "Tutti soffrono molto sotto la dinastia Qin. Il secondo imperatore è il più giovane e non dovrebbe essere sul trono, ma si dice che abbia ucciso il principe della Corona, Fusu, e

33 Tarthang Tulku, *Mezzi idonei*, Ubaldini Editore, Roma, 1980, p. 24 s.

la maggioranza della popolazione non è a conoscenza di questa notizia. Si dice che anche il generale Xiang Yan, amato per le sue eccezionali imprese e la benevolenza verso i suoi uomini, sia morto o fuggito in qualche remota contea. Se noi insorgiamo e ci dichiariamo fedeli a Fusu e a Xiang Yan, molti si uniranno a noi". Wu Guang si dichiarò subito d'accordo.

Essi riunirono tutti i coscritti e dissero: "Siamo stati ritardati dalla pioggia e la pena per questo è la decapitazione. Anche se verremo risparmiati, sette su dieci di noi moriranno in battaglia. I guerrieri che affrontano la morte lo fanno per la fama e la gloria. Chi dice che non possiamo divenire re, nobili, generali e ministri? Uomini come questi non ottengono la loro posizione per diritto di nascita!".

"Vi seguiremo fino alla morte!", gridarono gli uomini all'unisono. Chen Sheng assunse il titolo di generale e Wu Guang quello di comandante. Per conquistare la stima e il sostegno della popolazione, dichiararono di essere agli ordini del principe Fusu e del generale Xiang Yan.

Questo gruppo di uomini disperati e male armati attaccarono allora il territorio di Daze, poi il distretto di Qi e le zone a oriente. Mentre avanzavano, torme di folla si unirono a loro. Quando raggiunsero il distretto di Chen, avevano ormai diecimila fanti, più di mille cavalieri e settecento carri da guerra. Tutti si convinsero che intendessero restaurare l'antica dinastia di Chu, sfidando il dispotismo dei Qin.

Chen Sheng, con il consenso del consiglio degli anziani di Chen, voleva proclamarsi re, ma due dei nobili che lo avevano seguito tentarono di dissuaderlo. "La dinastia Qin ha distrutto altri Stati. Ora tu sei deciso a eliminare questo flagello a rischio della tua stessa vita. Ma se ti proclami re qui a Chen, il popolo penserà che persegui soltanto i tuoi interessi. Invece, è meglio rimettere sul trono gli eredi delle case regnanti dei sei Stati: così facendo, guadagnerai molti alleati nella tua lotta contro i Qin, che saranno costretti a dividere le loro forze, mentre tu ti rafforzerai sempre di più. Dopo che ti sarai impadronito della capitale Xianyang, i nobili di tutti gli Stati si inchineranno davanti a te, e così potrai creare un nuovo impero. Ma se ti proclami re adesso, il mondo cadrà nel caos".

Chen Sheng non li ascoltò e assunse il titolo di re. Mentre si trovava ancora a Chen, un vecchio amico, venuto a conoscenza dei suoi successi, si recò a palazzo reale chiedendo di vederlo. Le guardie stavano per arrestarlo, ma egli spiegò loro di essere un antico conoscente del re. Non venne comunque fatto entrare, e così rimase fuori del palazzo. Quando Chen Sheng uscì a cavallo dalla reggia, l'uomo lo chiamò. Il re, udendolo, chiese che venisse condotto alla sua presenza e lo introdusse nella reggia. Il villano esclamò: "Quanta roba possiedi, ora che sei re!". Da quel momento, l'uomo fu lasciato girovagare per le stanze reali. Egli si vantava della sua amicizia con il re al punto che qualcuno andò da Chen Sheng per dirgli: "Quello sciocco e ignorante ospite sta rovinando la tua reputazione con le sue chiacchiere prive di rispetto!".

All'epoca, Chen Sheng era diventato piuttosto arrogante, e senza tanti complimenti ordinò di tagliare la testa al suo antico collega. Dopo l'incidente, tutti coloro che lo conoscevano da tempo si allontanarono da lui di comune accordo. Inoltre, Chen Sheng ordinò a due uomini di sorvegliare i suoi generali e ufficiali: chiunque mostrasse la benché minima insubordinazione o inefficienza nell'eseguire gli ordini, veniva gravemente punito. Pertanto, i soldati non provarono più alcun senso di sicurezza, e meno che mai attaccamento al loro re. Ciò rende conto, in parte, della grave sconfitta subita in seguito da Chen Sheng nella battaglia contro l'esercito Qin e del suo conseguente assassinio da parte di un subalterno.

STRATAGEMMA 15

調虎離山

Diao hu li shan

Convincere la tigre a lasciare le montagne

È opportuno evitare di penetrare là ove l'avversario è più forte e inespugnabile, inducendolo piuttosto a uscire dalla sua roccaforte.

*Attendi che il Cielo ostacoli il tuo nemico. "Andare conduce in impedimenti; ed ecco che egli ritorna". La frase è tratta dalla sentenza dell'esagramma n. 39 dell'*I: Ching, *Kienn, l'Impedimento, composto da Kkann (acqua, pericolo) al di sopra di Kenn (montagna, immobilità), il cui commento osserva: "Impedimento significa difficoltà. Il pericolo sta di fronte. Vedere il pericolo e sapersi fermare, questa è saggezza". In termini pratici, l'esagramma mette in guardia contro l'atto di occupare un posto pericoloso controllato da un avversario potente: vale a dire, non è salutare attaccare un nemico forte che ha già assunto una posizione vantaggiosa.*

Quando i contadini dell'antica Cina erano tormentati dalle continue razzie di pecore ad opera di una tigre, non tentavano mai di cacciarla nel suo stesso territorio, ma impastoiavano un agnello in un campo aperto e, quando il felino si avvicinava, uscivano all'improvviso dalla foresta per ucciderla.

Come recita un antico detto cinese: "Il drago arenato su una spiaggia sabbiosa viene infastidito dai granchi; la tigre discesa alla pianura viene assalita dai cani". Pertanto, sia che si miri a impadronirsi del territorio nemico o a distruggere le sue forze, è necessario attirarlo con lusinghe lontano dalla sua inespugnabile posizione, prima di impegnarlo in battaglia.

> Se il nemico viene condotto sul campo di battaglia, la sua posizione è sempre debole. Se non siamo costretti a raggiungere il campo di battaglia, la nostra posizione è sempre forte. Usa tutti i metodi possibili per far uscire il nemico allo scoperto e attendilo nel luogo a te più favorevole: otterrai una vittoria certa. Il principio recita: "Manovra il nemico, invece di lasciarti manovrare"[34].

Questo stratagemma costituisce la base di quasi tutti i negoziati relativi agli affari o alla politica (non assistiamo forse, in quest'ultimo ambito, a continui tentativi di sorprendere gli avversari sfidandoli su tematiche a loro meno che congeniali?); è ormai prassi comune che le parti si incontrino su terreno neutro per concludere un accordo, in modo che nessuno dei contraenti possa avvantaggiarsi giocando "in casa": amara esperienza, quest'ultima che molti rappresentanti di società americane hanno subito in tempi relativamente recenti, quando le grandi aziende statunitensi, fiutando le enormi possibilità offerte dal vastissimo mercato cinese, inizialmente hanno cercato di vendere nel Paese i loro prodotti attraverso la creazione di *joint venture*, ma senza conoscere abbastanza la mentalità locale. In moltissimi casi, i delegati si sono lasciati abbagliare dal lusso e dagli onori con cui sono stati accolti, per poi essere costretti a protrarre estenuanti negoziati per un arco di tempo lunghissimo e spesso concedendo assai più di quanto avrebbero voluto e dovuto ottenere, oltre che, in non pochi casi, garantendo condizioni di reciprocità ai prodotti cinesi che entro breve tempo avrebbero spalancato a questi ultimi le porte dell'Occidente (pressato da esigenze diverse).

[34] *Bai Zhan Qi Fa*, cit., "Battaglia di manovra".

Anche questa strategia (e l'esempio che precede) ci induce a soffermarci per un attimo sulla diversa visione della vita e del combattimento che gli orientali hanno rispetto agli occidentali e che nel corso dei millenni ha dato origine al Budo, la Via che non è competizione né conflitto, poiché procede al di là della vita e della morte, oltre il pensiero di vittoria o sconfitta.

Il vero segreto del Budo, affermava Taisen Deshimaru[35], sta nel non combattere, non nella tecnica o nell'arte esercitata. Egli legava inscindibilmente lo *zazen* alla pratica delle arti marziali tradizionali: "Bisogna uccidere se stessi, uccidere il proprio spirito. In quel momento, gli altri hanno paura e fuggono. Si è più forti e gli altri non s'avvicinano. Non è quindi necessario vincere". Nel momento in cui si manifesta interiormente la vera energia che non ha bisogno di esteriorizzarsi, l'avversario, per quanto possa essere forte e arroccato sulle sue posizioni, dovrà necessariamente cedere le armi senza neppure tentare di impegnarsi in battaglia.

Lo stratagemma nella storia

Nel 205 d.C., durante la dinastia Han, il generale Han Xin combatté diverse battaglie per riportare ordine nel Paese oppresso dalle lotte tra molte fazioni ribelli, una delle quali aveva conquistato il regno di Zhao, impadronendosi del potere e ponendo sul trono Zhao Xie. Han Xin venne inviato a riassumere il controllo del regno.

Alla notizia del suo arrivo, il re di Zhao e Chen Yu, principe di Dai, raccolsero un esercito di duecentomila uomini, che fecero schierare all'ingresso della gola di Jingxing per bloccare l'avanzata dell'esercito di Han.

Li Zuoche, un nobile di Zhao, ammonì Chen Yu, dicendo: "Ho saputo che Han Xin ha attraversato il Fiume Giallo a occidente, catturato il re di Wei, sparso molto sangue a Yuyu, sconfiggendo l'esercito di Dai e facendo prigioniero il suo primo ministro Xia Yue. Ora ha in programma di attaccare Zhao. Un esercito che cavalca sull'onda della vittoria non può essere affrontato direttamente. Per quanto ne so, quando le provviste devono arrivare da lontano e ogni sera bisogna raccogliere la legna per cucinare un pasto, le truppe cadono presto in preda allo sconforto. Ora,

[35] Taisen Deshimaru, *Lo Zen e le arti marziali*, cit.

la gola di Jingxing è talmente stretta che due carri non possono procedervi affiancati, né la cavalleria avanzare in formazione. Han Xin ha marciato per molte centinaia di *li* e i rifornimenti devono trovarsi alla retroguardia. Dammi trentamila uomini pronti a tutto e io taglierò i loro rifornimenti. Nel frattempo, ordina ai tuoi uomini di scavare trincee più profonde e di innalzare bastioni più alti, e soprattutto rifiuta di impegnare battaglia. Preso tra due fuochi, Han Xin non potrà né avanzare né ritirarsi. In meno di dieci giorni avrai la sua testa. In caso contrario, sicuramente cadrai suo prigioniero!".

Chen Yu, però, era uno studioso confuciano e amava dichiarare che un esercito virtuoso non fa uso di inganni o stratagemmi insoliti. Rifiutò le argomentazioni di Li Zuoche, affermando: "'Se sei in dieci contro uno, devi accerchiare il nemico. Se la tua forza è il doppio della sua, impegnalo in battaglia': questo è ciò che ho letto nell'*Arte della guerra*. Han Xin afferma di avere decine di migliaia di uomini, ma in realtà ne conta soltanto poche migliaia. Dopo aver percorso mille *li* per assalirci, le sue forze saranno esauste. Se io evitassi di combattere contro un piccolo e stanco esercito, come potrei affrontare nemici più forti? Ritenendomi un codardo, gli altri signori si sentirebbero incoraggiati a seguire l'esempio di Han Xin e mi attaccherebbero".

Quindi, Chen Yu rifiutò di seguire il saggio consiglio; quando le spie riferirono ad Han Xin questo fatto, questi esultò, e finalmente osò far avanzare le sue truppe attraverso la gola, ordinando loro di accamparsi a trenta *li* dall'imboccatura. Quindi, convocò un contingente scelto di duemila cavalieri, ognuno con una bandiera rossa, ordinando loro di aprirsi un varco verso le colline e guadagnare al di sopra della gola un buon punto di osservazione della battaglia che si sarebbe combattuta di lì a poco. "Quando il nostro esercito si ritirerà", disse loro, "l'esercito di Zhao lascerà i bastioni della città per inseguirci. Allora voi piomberete giù dalle colline e invaderete il loro campo, facendo a pezzi le bandiere di Zhao e sostituendole con i rossi stendardi di Han".

Fece poi distribuire razioni di cibo per gli uomini e promise una grande festa per la vittoria su Zhao. Nessuno degli ufficiali credette davvero alle sue parole, ma tutti si finsero d'accordo. Quindi, Han Xin valutò la situazione, dicendo: "I nemici hanno costruito il loro campo in una posizione vantaggiosa e non lo abbandoneranno fino a quando non vedranno il mio stendardo da battaglia, poiché intendono distruggere il grosso delle nostre forze, non una semplice avanguardia".

Inviò quindi un'avanguardia di diecimila uomini attraverso la gola, ordinando loro di schierarsi in formazione, con il fiume alle spalle. I soldati di Zhao ruggirono di gioia, vedendo i nemici schierati in una posizione suicida, di fronte al grosso dell'esercito avversario e senza vie di fuga.

Ancora prima dell'alba, Han Xin levò il suo stendardo e guidò il grosso delle truppe attraverso la gola, al suono dei tamburi. Gli uomini di Zhao si precipitarono fuori del campo per combattere, e ne seguì un aspro scontro. Fingendo la disfatta, gli uomini di Han abbandonarono bandiere e tamburi e arretrarono per unirsi all'avanguardia schierata lungo il fiume, i cui ranghi si aprirono per accogliere il comandante e si richiusero subito per partecipare alla lotta. Gli uomini di Han, posti nell'impossibilità di fuggire, si batterono come leoni contro le truppe avversarie.

Nel frattempo, i duemila cavalieri di Han Xin fecero quanto era stato loro ordinato. Quando l'esercito di Zhao, scoraggiato dalla disperata resistenza dei nemici, fece per ritirarsi nell'accampamento, vide i duemila rossi vessilli di Han sventolare sugli spalti e si convinse che il campo fosse stato occupato dai nemici e il re catturato. Presi dal panico, gli uomini fuggirono in tutte le direzioni. I soldati di Han portarono a buon fine la conquista della città, Chen Yu fu ucciso sulla riva del fiume e il re di Zhao preso prigioniero.

Han Xin ordinò di non uccidere Li Zuoche, che trattò invece con grande rispetto, in seguito chiedendone spesso l'aiuto e il consiglio. Gli ufficiali presentarono le loro scuse al comandante, cogliendo l'occasione per chiedere chiarimenti. "Secondo l'*Arte della guerra*, un esercito deve schierarsi in posizione sicura, con le colline alla destra o alle spalle e il fiume di fronte o a sinistra, ma oggi tu ci hai ordinato di fare il contrario, annunciando perfino una festa dopo la sconfitta di Zhao. Non ti abbiamo creduto, ma alla fine la ragione è stata dalla tua parte. Che strategia è questa?".

"È tutto scritto nell'*Arte della guerra*, e voi semplicemente non avete riflettuto. Non dice forse il libro 'Sul terreno della morte, combatti'? Sono stato costretto a mettere le mie truppe in una situazione disperata, nella quale ognuno ha dovuto combattere per la propria vita. Se avessi lasciato anche una sola via di fuga, gli uomini avrebbero disertato in massa di fronte alle forze superiori del nemico".

In Occidente, la sconfitta subita dai Romani nel 9 d.C. nella selva di Teutoburgo segnò la fine dell'espansione dell'impero nell'Europa settentrionale, perché sia la popolazione germanica, sia la loro regione, si dimostrarono indomabili. Quintilio Varo, nominato governatore della Germania, aveva tra i suoi più stretti collaboratori Arminio, un giovane

Germano che ebbe la possibilità di osservare in prima persona il modo di combattere dei Romani. Egli non gradiva che questi cercassero di amministrare la sua terra e cospirò per liberarsi di loro, pur incontrando difficoltà all'interno del suo stesso clan. Arminio corteggiava Tusnelda, figlia di Segeste, un capotribù cherusco al servizio di Roma; quando questi rifiutò di concedergliela in sposa, fuggì con lei, facendo infuriare il novello suocero, che giurò di vendicarsi.

Nondimeno, Arminio fece tutto quello che poté per dimostrare la sua fedeltà a Varo, inducendolo a pensare che qualsiasi allarme o minaccia riportata da Segeste fosse dettata da malanimo per la perdita della figlia. Per tutta l'estate del 9 d.C., Arminio condusse da Varo diversi capi germanici per chiedere il suo consiglio e fargli dirimere le loro dispute, lusingando la vanità del governatore e confermando la propria lealtà. Il giovane aveva cominciato a tendere la sua trappola all'avvicinarsi dell'autunno: dietro suo ordine, scoppiarono modeste ribellioni contro le guarnigioni romane, ed egli suggerì a Varo di tornare sul Reno per sedarle, cosa che avrebbe potuto fare con facilità, e questi si lasciò convincere.

Quando le tre legioni romane furono in marcia, Arminio se ne staccò, con il pretesto di andare avanti in ricognizione, e prese immediatamente il comando di tutte le tribù che si erano mobilitate per la sua causa. La via presa dai Romani passava per un territorio boscoso e accidentato, attraverso strette valli dove le loro tattiche tradizionali non potevano essere applicate. A peggiorare la situazione, forti venti e intense piogge rendevano pericoloso il cammino, e spesso rami rotti (o tagliati) bloccavano il passaggio.

I Germani, armati per lo più di corte lance, tormentavano continuamente la colonna, provocando gravi perdite. Verso la fine del primo giorno di marcia, quando i Romani emersero in una radura, Varo ordinò di allestire il campo: intorno, furono approntate le tradizionali opere di difesa, una palizzata e un fossato. Ciò servì a tenere a bada i Germani; infatti, Arminio si assicurò che non venisse sferrato alcun serio attacco contro una posizione così forte. Egli aveva visto all'opera l'esercito romano abbastanza spesso per sapere che avrebbe potuto resistere indefinitamente, infliggendo notevoli danni agli attaccanti.

I sanguinosi assalti portarono scoraggiamento e confusione in una linea di marcia già disorganizzata. In quello che si pensa sia stato l'ultimo giorno di combattimenti, la cavalleria romana si separò dal grosso delle truppe, ma non riuscì a mettersi al sicuro: la pressione dei guerrieri germanici si dimostrò troppo forte perché l'accampamento romano potesse resistere. Sembra che Varo si sia ucciso, dopo essere stato gravemente ferito.

La sconfitta subita nella selva di Teutoburgo segnò il limite dell'espansione dell'impero a nord. Come afferma Davis, "Anche se il ruolo svolto da Arminio in favore dell'unità tedesca è stato sopravvalutato, non si può dire altrettanto della sua vittoria su Roma: almeno la Germania e la Gran Bretagna devono a lui il loro posto nella storia"[36].

[36] Paul K. Davis, *Le 100 battaglie*, cit., p. 95 s. Lo stesso stratagemma fu impiegato dal duca Guglielmo di Normandia, che nella battaglia di Hastings (1066) comandava l'esercito normanno. Egli ordinò ai suoi uomini di fingere una ritirata per costringere i miliziani inglesi, guidati da re Aroldo Godwinsson, a inseguirli. Molti di questi ultimi, cedendo alla tentazione, finirono per trovarsi in campo aperto, proprio dove Guglielmo aveva previsto, e furono annientati dalla potente cavalleria normanna. La vittoria del duca di Normandia mise un re straniero sul trono britannico e introdusse nell'isolato regno una società di tipo europeo. Per inciso, si trattò dell'ultima riuscita invasione straniera sul suolo inglese (*Ivi*, p. 154 s.).

STRATAGEMMA 16

欲擒故縱

Yu qin gu zong

Allentare la presa per poterla poi serrare più facilmente

Inseguire i nemici con foga potrebbe indurli a voltarsi e a lottare disperatamente. Lasciando invece loro l'illusione di poter fuggire, si disperderanno consumando le proprie energie, e potranno essere poi catturati senza far uso di inutile violenza.

*Il riferimento è all'esagramma n. 5 dell'*I:Ching, *l'Attesa, la cui sentenza recita: "L'attesa. Se sei verace avrai luce e riuscita. Perseveranza reca salute. Propizio è attraversare la grande acqua". L'esagramma mostra il simbolo dell'acqua (Kkann) al di sopra del cielo (Kkienn): quindi, le nuvole che si radunano in cielo, promettendo pioggia, un processo che non può essere affrettato, ma ha bisogno del suo tempo per maturare e prodursi al momento giusto. Ma il significato allude anche al pericolo (Kkann) che sovrasta la forza (Kkienn), per indicare che in situazioni critiche non bisogna gettarsi in avanti a testa bassa, ma saper attendere per cogliere l'occasione giusta.*

Questo stratagemma ha due possibili applicazioni. L'esortazione potrebbe essere presa alla lettera nel caso in cui, sconfitto un nemico, lo si lascia andare o lo si dimentica: ad esempio, eliminando un generale nemico, sicuramente qualcun altro prenderà il suo posto, ma risparmiandogli la vita, si guadagnerà invece un alleato. Sun Zu esorta più volte a trattare con umanità i nemici vinti, in modo che, conquistando la loro lealtà, si possa aumentare la propria forza con poca spesa. I generali cinesi che commentarono l'*Arte della guerra* osservarono che nutrire e vestire i prigionieri significa in realtà nutrire e vestire nuove reclute. Sfruttando l'opportunità di mostrarvi magnanimi, dimostrerete all'avversario di non essere malvagi come lui credeva. Inoltre, una volta sconfitto, un combattente orgoglioso sarà molto più malleabile e bendisposto se verrà trattato con dignità e rispetto.

D'altro canto, fidarsi della lealtà di un ex avversario potrebbe rivelarsi pericoloso, addirittura disastroso. Pertanto, la seconda applicazione di questo stratagemma è più pragmatica ed efficace della prima: far credere al nemico di avere una via di fuga, così che impegni le proprie energie nel tentativo di fuggire, piuttosto che continuare a combattere con impeto, e magari attirarlo in una trappola o metterlo alle corde. Sun Zu avverte (vedi aneddoto relativo alla strategia precedente; vedi anche stratagemma 28) che truppe disperate e senza vie d'uscita lotteranno fino all'ultimo uomo. Pertanto, è sempre opportuno fare in modo che il nemico abbia una possibilità di scelta tra combattere e fuggire. Naturalmente, si farà in modo di conoscere bene la via di fuga, così da poter tendere successive imboscate e trarre il massimo vantaggio dallo stratagemma, con minime perdite. Occorre altresì cautela onde evitare che, nell'intervallo dell'attesa, il nemico possa al contrario rafforzarsi e rovesciare le sorti della contesa.

> Se il nemico si trova di fronte forze assai superiori, avrà paura e fuggirà senza combattere. Evitate di inseguirlo con foga, perché qualsiasi cosa sotto il cielo, se spinta al suo estremo, si trasformerà nel suo opposto. Potete facilmente conseguire la vittoria, al contrario, guidando le vostre truppe in un inseguimento senza fretta. Il principio recita: "Non incalzare il nemico agli estremi"[37].

[37] *Bai Zhan Qi Fa*, cit., "Battaglia di accerchiamento".

Quando si cerca di negoziare un contratto complesso e con molte clausole, e una delle parti cerca di "forzare" la conclusione, è normale che gli altri contraenti si irrigidiscano sulle proprie posizioni. Regola numero uno, quindi, è non mostrare mai la propria frustrazione, meno che mai far capire alla controparte che ne è la causa. È sempre buona norma, invece, lasciare una scelta tra diverse opzioni: si otterrà un risultato più sicuro e veloce rispetto a un "muro contro muro". Va da sé che tale regola vale altrettanto (e forse di più) anche nei rapporti personali.

Nelle discipline orientali, si manifesta invece un'accezione diversa di questo principio, come ben sanno tutti coloro che praticano la meditazione. Come afferma Namkhai Norbu[38], "Meditare [particolarmente nella pratica Dzog-chen, *N.d.C.*] significa soltanto mantenere la presenza sia dello stato calmo che del movimento: non c'è nulla su cui meditare". In altri termini, la presa della mente ordinaria va allentata, lasciando che i pensieri passino senza attaccarsi ad essi: tuttavia, chi medita denuncia molte occasioni di disturbo (gente che parla o che cammina, chiasso esterno, o pensieri insistenti e sensazioni interne che continuano a "far presa") e molte distrazioni, che non vanno respinte con violenza (altrimenti si offrirebbe loro un'ulteriore occasione per aggrapparsi alla nostra mente), ma semplicemente riconosciute per quello che sono, "governandoci con la presenza della consapevolezza", come afferma ancora Norbu, una presenza che va integrata senza distrazione con tutte le azioni quotidiane. È un po' quello che avviene quando s'impara a guidare: all'inizio, i comandi dell'automobile sembrano quasi un nemico da sconfiggere e la tensione (insieme alla goffaggine) è al massimo. Poi, pian piano, ci si sente più sicuri, e le azioni che un tempo richiedevano tanto sforzo mentale diventano quasi naturali e piacevoli. La tensione svanisce, fatte le debite eccezioni, ma che accadrebbe se non si mantenesse una continua e rilassata presenza e consapevolezza di se stessi e degli altri?

[38] Namkhai Norbu, *Lo Specchio. Un consiglio sulla presenza della consapevolezza*, Shang Shung Edizioni, Arcidosso, 1989, p. 34. Namkhai Norbu è uno studioso tibetano conosciuto in tutto il mondo e maestro dell'insegnamento Dzog-chen (che applica concretamente l'essenza dei metodi idonei a realizzare la conoscenza dello stato di autoperfezione dell'individuo).

Daruma (in sanscrito Bodhidharma) introdusse lo Zen in Cina. I prolungati periodi di meditazione (che in un caso raggiunsero i nove anni ininterrotti) gli fecero perdere l'uso delle gambe, e si dice perfino che si sia tagliato le palpebre per evitare di perdere la concentrazione

Lo stratagemma nella storia

Nel 220 d.C., Cao Pei depose l'ultimo sovrano Han, assumendo egli stesso il titolo e divenendo noto in seguito come l'imperatore Wendi di Wei. Tra i suoi consiglieri si distingueva Sima Yi, rampollo di una nobile famiglia, amato e insieme temuto dal re per le sue straordinarie capacità. Sima Yi ebbe un ruolo importantissimo nel consolidamento dello Stato di Wei contro i due regimi rivali, Shu e Wu, e riuscì benissimo a nascondere le sue ambizioni, pur dando continue e ottime prove dei suoi talenti. Fu uno dei tre fedeli cortigiani che il re morente convocò per affidare alle loro cure il principe ereditario, che nel 226 divenne imperatore con il nome di Mingdi di Wei.

Nel 238, quest'ultimo convocò Sima Yi e gli ordinò di guidare una campagna contro Gongsun Yuan, capo della guarnigione di Liaodong, che di recente aveva rifiutato di giurare lealtà alla corte. L'imperatore disse: "Tu sei certamente capace di portare a termine questo compito, ma io voglio una vittoria schiacciante". Gli affidò il comando di quarantamila uomini, e alcuni ministri della corte ebbero da ridire sulle ingenti spese che la spedizione avrebbe comportato, ma l'imperatore replicò: "Un viaggio di quattromila *li* richiede rapidità e forze sufficienti. Non possiamo badare a spese"; poi chiese a Sima Yi: "Secondo te, quale sarà il piano di difesa di Gongsun Yuan?".

"Il piano migliore sarebbe abbandonare la città di Xiangping per evitare la battaglia e conservare le sue forze, ma la sua intelligenza non arriva a tanto. Invece, potrebbe schierare le truppe al di là del fiume Liaoshui per fermare la nostra avanzata. Se però si limiterà a rimanere a Xiangping, arroccato in difesa, sarà ben presto fatto prigioniero".

"Ma quale strategia adotterà, dunque?".

"Soltanto il saggio comprende pienamente la propria condizione ed è disposto a fare piccoli sacrifici in anticipo, ma ciò va ben oltre le capacità intellettuali di Gongsun Yuan. Egli penserà che il nostro assedio non possa durare, per la difficoltà di trasportare rifornimenti a così grande distanza per un esercito tanto numeroso. Quindi, cercherà di fermarci al fiume Liaoshui e poi si ritirerà per difendere Xiangping".

"Di quanto tempo hai bisogno per portare a termine la spedizione?".

"Cento giorni per arrivare, cento giorni per attaccare, cento giorni per tornare, sessanta per riposare. Nel complesso, un anno potrà bastare".

All'approssimarsi dell'esercito di Wei, Gongsun Yuan mandò a chiedere aiuto al re di Wu, Sun Quan, che aveva antichi motivi di rancore nei suoi confronti, ma che tuttavia accettò, attratto dai vantaggi che il suo intervento avrebbe comunque garantito, sia in caso di sconfitta che di vittoria.

Sima Yi giunse a Liaodong, mentre Gongsun Yuan aveva occupato il tempo dell'attesa facendo costruire trincee dietro le quali riunire il suo esercito, composto da molte centinaia di migliaia di fanti e cavalieri.

Sima Yi negò il permesso di attaccare ai suoi ufficiali ansiosi di combattere. Gongsun Yuan aveva ammassato qui il grosso del suo esercito, lasciando Xiangping quasi sguarnita. Pertanto, la strategia migliore era far avanzare sul fiume un piccolo contingente, guidando il grosso delle truppe all'assedio della città nemica. Quando i generali di Gongsun Yuan si resero conto del tranello, fecero arretrare l'esercito per intercettare le truppe imperiali in marcia verso la città, ma Sima Yi disse fiducioso ai suoi ufficiali: “Vinceremo questa battaglia, perché essi combattono in preda alla paura”. Così fu: dopo aver sbaragliato le truppe avversarie, mossero trionfanti all'assedio di Xiangping.

Di lì a pochi giorni, però, piogge torrenziali fecero ingrossare paurosamente il fiume Liaoshui, protraendosi per oltre un mese. La città assediata ne approfittò per trarre un respiro di sollievo, far riposare i soldati esausti, raccogliere legna nei boschi vicini. Sima Yi proibì ai suoi uomini di tormentare gli assediati, e giunse perfino a decapitare alcuni ufficiali che avevano disobbedito all'ordine.

Mentre l'assedio continuava, un generale di nome Chen Gui chiese udienza a Sima Yi per porgli un quesito: “In altre occasioni hai guidato i tuoi uomini in battaglie fulminee e hai ottenuto la vittoria assai rapidamente. Perché ora ci hai fatto percorrere un'enorme distanza solo per attardarci qui senza far nulla? Io sono troppo sciocco per comprendere il tuo piano”.

“Questa situazione è molto diversa”, rispose Sima Yi. “Le altre volte, il nemico aveva pochi uomini ma molte provviste per resistere anche per diversi mesi, mentre noi eravamo superiori di numero ma con rifornimenti per un solo mese. In altre parole, la nostra era una corsa contro il tempo e avevamo la forza per vincere. Ora accade il contrario. I nemici sono più numerosi di noi, ma mancano di rifornimenti. Inoltre, a causa della pioggia incessante, non siamo in grado di lanciare un assalto efficace. Cosa guadagneremmo, tormentandoli in cambio di piccoli profitti? Gongsun Yuan crede nella superiorità del suo esercito e nella protezione offerta dalla pioggia, per cui allenterà la sua vigilanza. Sarà allora che attaccheremo”.

Quando la pioggia finalmente finì, Sima Yi chiuse l'accerchiamento e guidò una serie di assalti alla città, nella quale il cibo cominciò ben presto a scarseggiare, tanto che si ebbero perfino episodi di cannibalismo, e molti ufficiali disertarono per consegnarsi alle truppe imperiali.

Gongsun Yuan inviò due consiglieri a parlamentare con Sima Yi, promettendo la resa se gli assedianti si fossero ritirati per primi, ma quest'ultimo fece decapitare i due ambasciatori e recapitare a Gongsun Yuan il seguente messaggio: “Invece di ricevere l'inviato dell'imperatore come si conviene, mi hai mandato due uomini vecchi e decrepiti, con l'ingiunzione di ritirare le mie truppe e togliere l'assedio. Nell'impossibilità di farmi comprendere da loro, li ho fatti decapitare. Se vuoi che ti ascolti, dovrai mandare qualcuno più giovane”.

Gongsun Yuan promise di inviare suo figlio in ostaggio ma, a questa notizia, Sima Yi replicò: “Esistono soltanto cinque metodi per condurre una guerra. Se puoi attaccare, attacca. Se non puoi attaccare, difenditi. Se non puoi difenderti, fuggi. Le ultime due alternative sono la resa e la morte. Ora, dal momento che Gongsun Yuan non intende arrendersi, devo dedurne che vuole morire. Quindi, che senso ha mandare un ostaggio?". Ciò detto, Sima Yi riprese l'assalto in forze, e la città cadde in pochi giorni. Gongsun Yuan e suo figlio vennero uccisi sulle rive del fiume Liaoshui.

STRATAGEMMA 17

抛磚引玉

Pao zhuan yin yu

Lanciare un mattone per ottenere una giada

Si propone qualcosa di apparentemente valido per indurre l'altro a offrire ciò che di autenticamente prezioso possiede.

*In Mong (la Stoltezza giovanile), l'esagramma n. 4 dell'*I:Ching*, la linea yin al quinto posto rappresenta il giovane inesperto che in modo devoto e mite chiede consiglio, e in questo caso "Stoltezza fanciullesca reca salute". A volte, però, il giovane diviene arrogante e viola le norme del comportamento, pertanto va punito, possibilmente in maniera preventiva, ed ecco che il giudizio della sesta linea osserva: "Quando si punisce la stoltezza, non è propizio commettere prevaricazioni. Propizio è soltanto difendersi da prevaricazioni".*

L'espressione riguarda un aneddoto che parla di due poeti della dinastia Tang. Uno dei due, di nome Zhao Xia, volle visitare Suzhou, la città dei giardini nel sud della Cina. Il poeta Chang Jian venne a saperlo e pensò che Zhao avrebbe sicuramente sostato al tempio Lingyan. Pertanto, vi si recò subito e scrisse due versi poetici sul muro. Quando Zhao Xia arrivò e vide i due versi lasciati da Chang, ne aggiunse altri due, completando la poesia. È opinione generale che i due ultimi versi siano molto superiori a quelli di Chang, il quale, quindi, "lanciò un mattone per ottenere una giada".

Nel contesto militare, il mattone e la giada si riferiscono rispettivamente a manovre finte e vere. Per usare un'altra espressione popolare cinese, "si spacciano occhi di pesce per perle". Ad esempio, in caso di invasione di una potenza ostile, è preferibile evitare di lanciare un attacco nel territorio nemico, lasciando invece all'esercito invasore la prima mossa, per sconfiggerlo poi sul proprio terreno. Oppure, si può offrire un'esca al nemico, come mezzi di rifornimento scarsamente sorvegliati. Quando gli avversari avranno ingoiato l'esca, potranno essere manovrati a piacimento, e la battaglia sarà vinta a metà ancor prima di essere combattuta.

> Abbandona i tuoi beni per gettare scompiglio nelle file nemiche, abbandona le tue truppe per attirarle con la lusinga, abbandona fortezze e terre per incoraggiare la loro arroganza. Quando l'espediente da impiegare è l'abbandono, non devi cadere preda dell'attaccamento, e nulla può essere ottenuto senza pazienza[39].

È un po' quello che si verifica quando i supermercati o i grandi ipermercati offrono un servizio assolutamente gratuito (ad esempio, la misurazione della pressione arteriosa), del quale i clienti possono usufruire in reparti strategicamente collocati vicino alle casse. Più in generale, è un ottimo sistema usato infinite volte a scopi pubblicitari per conquistare la clientela con vantaggi calcolati che non costano quasi nulla a chi li offre e che assicurano non solo l'aumento, ma anche la continuità delle vendite (nel caso degli apparecchi per misurare la pressione, si può star certi che tutte le persone che soffrono di ipertensione privilegeranno sempre quel determinato esercizio commerciale, certi di poter controllare le proprie condizioni tutte le volte che vogliono). Un esempio che

[39] *Bing Fa Bai Yan*, cit., "Abbandonare".

dimostra sicuramente un'assai minore "attenzione" per la salute dei clienti è dato dall'introduzione nei fast-food di pasti speciali per bambini, i quali vengono attratti non tanto dalle patatine fritte o dall'hamburger confezionato, ma dal coloratissimo giocattolino che viene regalato all'atto dell'acquisto... con quali vantaggi per la loro salute è facile immaginare!

Inoltre, anche nel campo dell'informatica il mercato è ormai invaso da prodotti a basso costo, veri e propri "cavalli di Troia", che nascondono insidie di portata assai maggiore: basti pensare alle stampanti a getto d'inchiostro, il cui prezzo di vendita viene continuamente "abbattuto" per convincere anche i clienti più restii ad assicurarsi l'ultimo modello... e al momento dell'acquisto non si pensa mai al costo delle cartucce di ricarica, i cui prezzi, al contrario, sono in costante ascesa, e che a loro volta alimentano il mercato del "rigenerato" il quale, però, a lungo andare, rovina la stampante che andrà ben presto sostituita... e così via. Tale consolidata pratica (che i cinesi, veri maestri in quest'arte, definiscono "un piede nella porta") è d'uso comune anche nel mercato automobilistico, che propone con costi e rateazioni favorevolissime nuovi modelli "base", puntando sugli *optional* che fanno immancabilmente lievitare il prezzo finale. E d'altronde, se pensiamo che il 3 per cento del prodotto nazionale lordo giapponese è costituito da "regali" promozionali di vario genere, è facile comprendere quale estensione abbia raggiunto nell'economia questo principio.

Questo stratagemma, però, vanta un uso assai più "morale" nelle pratiche orientali come lo Zen, che si serve di esso nella forma del *koan* assegnato dal maestro all'allievo per abbattere le difese costruite dalla mente duale e dall'attaccamento alla logica comune, onde pervenire in tal modo al *satori*. Gli esempi di koan abbondano; uno dei più classici è quello di Haku-in, il quale batteva le mani di fronte ai discepoli e poi chiedeva loro: "Se questo è il suono prodotto da due mani, che suono ha una mano sola?". Di fronte al tema proposto, l'allievo solitamente comincia ad arrovellarsi e a dibattersi nella vana ricerca di una impossibile soluzione razionale. Un koan può tenere impegnati per anni, a volte addirittura per tutta la vita, perché la mente duale vuole vincere a tutti i costi la sfida e non si arrende mai con facilità, fino a quando non esaurisce tutte le sue riserve; allora, l'allievo si prepara ad abbandonare il campo, dopo aver trascorso tanti giorni e notti insonni travagliato dal dilemma e aver proposto infinite soluzioni che il maestro ha rifiutato e a volte non ha nemmeno voluto ascoltare. Ma ecco, nel momento della resa, in cui la tensione spirituale è massima, quasi dolorosa, la soluzione balza in un attimo agli occhi della mente "non duale" e sorge la giada, anzi il diamante della chiara consapevolezza non turbata dalle onde del pensiero: il *satori*.

Lo stratagemma nella storia

Nel periodo degli Stati Combattenti, Li Mu, famoso generale di Zhao, rimase per anni a Yanmen per difendere le frontiere settentrionali dalle continue scorrerie degli uomini di Xiongnu. Egli trattava con generosità le truppe, che pertanto obbedivano volentieri ai suoi ordini. Curò particolarmente il loro addestramento nel tiro con l'arco a cavallo, nel quale gli invasori Xiongnu eccellevano; inoltre, rinforzò il sistema di bastioni e torri di segnalazione, e impiegò molte spie per conoscere in anticipo le mosse del nemico. Quando le sue truppe non disponevano di forze sufficienti per opporsi agli avversari superiori di numero, egli proibiva di attaccare, pena la morte per i disobbedienti. Le torri di segnalazione trasmettevano il segnale agli uomini, che si ritiravano dietro i bastioni per difendersi più facilmente contro gli assalti nemici.

Questa strategia venne impiegata da Li Mu per diversi anni, con pochissime perdite per la città, ma i nemici cominciarono a considerarlo un codardo. Perfino i suoi uomini pensavano che Li Mu, nonostante la sua generosità, non avesse la stoffa di un vero combattente.

Alcuni cortigiani lo screditarono davanti al re di Zhao, che inviò un messaggero per redarguirlo e ordinargli di contrattaccare, ma Li Mu ignorò l'ordine e continuò ad agire a modo suo. Alla fine, il re lo richiamò a corte, sostituendolo con un altro generale che si avventurò molte volte fuori delle mura, subendo diverse sconfitte e perdendo un numero enorme di uomini.

Il re si rese conto del suo errore e mandò un messaggero alla casa di Li Mu per richiamarlo. Questi accettò solo a patto di poter fare di testa sua e, con il consenso del re, tornò a Yanmen.

Per alcuni anni la pace e la sicurezza tornarono nelle frontiere settentrionali, ma i nemici pensavano ancora che il generale fosse un vile, mentre le truppe all'interno della città, ben nutrite e meglio addestrate, erano ansiose di guadagnare il campo di battaglia.

Li Mu scelse 1300 carri da guerra, 13.000 cavalieri, 50.000 fanti e 100.000 arcieri provetti; lasciò poi liberi molti capi di bestiame per attirare gli Xiongnu, che immediatamente lanciarono una piccola incursione. Li Mu finse la ritirata, lasciando alcuni uomini e molti capi di bestiame nelle mani del nemico che, sicuro di sé, lanciò un'offensiva con il grosso dell'esercito. Gli uomini di Li Mu furono pronti ad attirare in un'imboscata e a contrattaccare sui fianchi gli invasori, che per oltre dieci anni dopo la sanguinosa battaglia non si fecero più vedere alle frontiere settentrionali.

Se nell'ottobre 732 l'Europa occidentale poté essere salvata dalla minaccia musulmana, lo si deve in parte anche a questo tipo di stratagemma. La battaglia di Tours fu combattuta tra i Franchi, agli ordini di Carlo Martello, e i Mori, guidati da Abd er-Rahman, governatore musulmano della Spagna, deciso a penetrare in Gallia per espandere ulteriormente l'influenza musulmana, e soprattutto attratto dalle ricche campagne; lo scontro di due civiltà, di due modi di combattere, proiettò la sua luce su tutto il futuro del Vecchio Continente.

Abd er-Rahman fu colto di sorpresa dall'arrivo dei Franchi, che rimasero una settimana a studiare la situazione, mentre i Mori si preoccupavano di nascondere l'ingente bottino razziato in molte città e chiese. Carlo conosceva il modo di combattere dei musulmani e disponeva proprio delle truppe adatte per contrastarlo. Quando gli avversari si ammassarono per lanciarsi alla carica, egli dispose gli uomini in un quadrato difensivo composto principalmente dai suoi Franchi, ma integrato da elementi presi dalle numerose tribù assoggettate. La cavalleria musulmana si accanì senza risultato contro il quadrato formato dai Franchi, mentre i giavellotti e le asce da lancio di questi colpivano duramente gli uomini e i cavalli che si avvicinavano. Fu questa dimostrazione di forza che meritò a Carlo il soprannome di Martello. Eudo d'Aquitania, che combatteva con lui, guidò un attacco aggirando il fianco dei musulmani, i quali temettero per la sicurezza delle spoglie ammassate nelle tende: tra i loro ranghi cominciò a circolare la falsa voce, messa in giro a bella posta, che il nemico stava saccheggiando l'accampamento; perciò, numerosi squadroni di cavalleria si precipitarono a difenderlo. L'allontanamento di una parte dei cavalieri ebbe evidentemente un effetto negativo sui rimanenti, e l'attacco dei musulmani fallì. La notizia della morte di Abd er-Rahman diede loro il colpo decisivo, e le truppe more fuggirono durante la notte. La vittoria di Carlo Martello assicurò ai Franchi il dominio della Gallia per più di cento anni[40].

[40] Paul K. Davis, *Le 100 battaglie*, cit., p. 140 s.

STRATAGEMMA 18

擒
賊
擒
王

Qin zei qin wang

Sconfiggere i ribelli catturandone il capo

Quando ci si trova di fronte a una massiccia opposizione, bisogna mirare al cuore del comando. Un drago costretto a combattere sulla terraferma si trova in una impasse.

*Il riferimento è all'esagramma n. 2 dell'*I:Ching, *composto da sei linee yin che formano due trigrammi Kkunn, e rappresenta la natura dello yin primordiale. In termini umani, esso denota una persona cedevole, remissiva e sempre pronta a servire gli altri. Tuttavia, la linea al sesto posto si è sviluppata all'estremo del principio yin, assumendo una posizione di comando non consona alla sua natura, che cerca di contendere la supremazia al principio yang. Tutto ciò non può che condurre in un vicolo cieco. Pertanto, una persona che cerca di assicurarsi una posizione per la quale non ha alcun titolo si troverà ben presto alle prese con le autorità, finendo in un contrasto che non ha alcuna possibilità di vincere. Nel contesto militare, un capo impegnato in una causa che va ben oltre le sue possibilità attirerà l'attenzione e la collera del più forte e, nella lotta che ne seguirà, finirà distrutto o fagocitato.*

Lo stratagemma è di agevole comprensione e ha trovato infinite attuazioni nel corso dei secoli, sia in Oriente che in Occidente.

> In guerra esistono diecimila artifici, e non bisogna mai attenersi a uno solo di essi. Se potrai impadronirti dei capisaldi del nemico, dimezzerai la sua forza[41].

E quando allo stesso Sun Zu venne chiesto: "Come devo comportarmi contro un esercito nemico ben ordinato che è sul punto di attaccare?", rispose: "Impossessati di qualcosa che sia caro al tuo nemico, ed egli si piegherà ai tuoi desideri".

Questo stratagemma pone in evidenza il grande valore del decentramento, inteso in senso ampio e applicato tanto nelle famiglie quanto nelle grandi aziende, nei governi e in altre istituzioni formali: quando tutto poggia sulle spalle di un singolo individuo e i risultati positivi dipendono dalla sua efficacia e presenza, qualsiasi sua *défaillance* può causare un vero disastro. Suddividendo le responsabilità, al contrario, si consentirà ai vari talenti di emergere e all'intero organismo di sopravvivere bene alla mancanza di un capo: è appunto in questa direzione che procedono attualmente gli orientamenti politici dei Paesi occidentali.

Da un punto di vista filosofico, questa strategia punta indirettamente a un concetto fondamentale che ha fatto versare fiumi di inchiostro in Occidente, ma soprattutto in Oriente, a molti maestri delle varie discipline: il contrasto tra la nostra vera natura e l'immagine che abbiamo di noi stessi. Concetto quanto mai attuale, in quanto fonte di smarrimento e disillusione ogni volta che la consapevolezza riesce a far luce su di esso. Secondo Lama Tulku[42], abbiamo di noi stessi un'immagine che si basa "su ciò che pensiamo di noi stessi e su come pensiamo che ci vedano gli altri", destinata inevitabilmente a collidere con la realtà quando, trovandoci di fonte a un problema, non riusciamo ad attingere a tale immagine, simulacro vuoto e inutile, ma potente al punto di "renderci ciechi alle nostre debolezze e ai nostri difetti". Usando invece la nostra energia interiore, riusciremo gradatamente a scardinare quei concetti ai quali finora ci siamo aggrappati, alleggerendo la loro presa sulla vita e

[41] *Hu Qian Jing* ("Canone del generale").
[42] Tarthang Tulku, *Mezzi idonei*, cit., p. 94 s.

aiutando noi stessi a riconoscerci per ciò che veramente siamo, qualità, tratti positivi, difetti e tutto il resto, in "un processo delicato e bisognoso di un attento nutrimento", in grado di condurci naturalmente a sviluppare chiarezza, onestà e consapevolezza che non potranno non tradursi in una nuova energia da usare efficacemente a vantaggio nostro e di altri esseri.

Lo stratagemma nella storia

All'inizio dell'800, la ribellione di An Lushan scosse fino alle radici il prestigio dell'impero Tang. Per combattere i ribelli, il governo doveva mettere nell'impossibilità di agire i governatori militari, che nel frattempo erano divenuti troppo potenti, in molti casi assumendo il controllo totale della zona loro affidata e quindi prendendosi gioco dell'autorità imperiale.

Tra tutti questi piccoli regni semindipendenti, il comando di Huaixi, comprendente tre prefetture, rappresentava un grave problema per la dinastia imperiale. Nell'816, dopo una serie di aspre contese e tentativi falliti, il compito di soggiogare il tiranno della regione, Wu Yuanji, insieme ad altri due governatori che si erano comportati nello stesso modo, venne affidato a un commissario militare di nome Li Su. All'epoca Wu si trovava nella città di Caizhou, ben protetta dalle fortezze circostanti.

Al suo arrivo, Li Su trovò le truppe imperiali esauste e timorose di combattere. Non volendo esaurirle e con l'intento di rassicurare i nemici sulle sue scarse attitudini belliche, si dimostrò paziente e tollerante, e si preoccupò di guadagnare la fiducia dei suoi, nel frattempo mandando a chiedere rinforzi all'imperatore. Ben presto, fu pronto a condurre una serie di vittoriose campagne contro le fortezze a difesa della città. Fece in modo di trattare con rispetto e gentilezza i prigionieri, e venne così a conoscere tutte le caratteristiche topografiche e i particolari delle difese della città.

Un giorno, fu condotto in sua presenza un ufficiale ribelle di nome Ding Shiliang, che era appena stato catturato. Provò simpatia per quell'uomo dall'apparenza solida e onesta, e lo fece liberare all'istante. Il prigioniero fu commosso da tanta generosità e si impegnò a combattere sotto lo stendardo imperiale a prezzo della vita stessa. Rivelò a Li Su i punti deboli di Wengcheng, una delle fortezze che difendevano Caizhou, e gli offrì l'opportunità di prendere prigioniero il consigliere personale del comandante. Così accadde, e anche questo prigioniero venne trattato con tutti i riguardi, al punto da consigliare a Li Su di catturare un ufficiale di cavalleria di stanza in un'altra fortezza, più vicina a Caizhou. L'uomo, Li You, fu preso in un'imboscata, ma combatté valorosamente e uccise molti degli imperiali. Pertanto, gli ufficiali di Li Su volevano ucciderlo, ma quest'ultimo ordinò di liberarlo e trattò anche lui come un gradito ospite, con grande sdegno dei suoi uomini, che ritenevano Li You un agente segreto agli ordini di Wu Yuanji.

Tuttavia, Li Su, procedendo con il suo piano, ingaggiò, con alterne fortune, una serie di battaglie con il nemico nei dintorni della città, aspettando il momento opportuno per sferrare l'attacco decisivo. Un giorno, Li You chiese di vederlo e gli disse: "Wu Yuanji ha dislocato altrove le sue forze migliori, lasciando la città sguarnita, poiché si sente sicuro di sé. Se noi sferriamo un attacco a sorpresa, riusciremo a catturarlo prima che riesca a ottenere rinforzi". Li Su si dichiarò d'accordo, e guidò personalmente novemila soldati scelti. Quando gli venne chiesto dove dirigersi, rispose: "A est". Le truppe imperiali conquistarono un villaggio vicino e ne uccisero tutti gli abitanti, comprese le sentinelle delle torri di segnalazione, che non poterono pertanto avvertire la popolazione di Caizhou. Poi distrussero nottetempo tutti i ponti che collegavano le fortezze alla città. Infine, nonostante la paura degli ufficiali, che non conoscevano il suo piano e temevano di cadere nella trappola di Li You, Li Su guidò l'avanzata a notte fonda e sotto una fitta nevicata, arrivando alle porte della città all'alba, senza che i ribelli sospettassero di nulla. Quando la residenza fortificata di Wu Yuanji venne attaccata, questi era ancora a letto. "Arriva l'esercito imperiale!", gridò una guardia.

"Sono dei malviventi che fanno un po' di trambusto!", rise Wu Yuanji. "Li farò decapitare prima di mezzogiorno".

"Il nemico ha occupato la città!", urlò qualcun altro.

"Devono essere i nostri uomini che vengono a chiedere le divise invernali!", rise ancora ma, quando si affacciò alla finestra, udì un fragoroso grido di battaglia echeggiare dalle gole dei diecimila soldati dell'imperatore. Ben presto la città si arrese ed egli fu catturato.

Terminata la battaglia, i suoi ufficiali chiesero a Li Su: "Quando siamo stati sconfitti, non ti sei preoccupato. Quando abbiamo vinto, non hai voluto trarre alcun vantaggio dalla vittoria. Quando è iniziata la tempesta di neve, hai ordinato alle truppe di marciare. E non hai avuto paura di guidare un contingente isolato nel cuore del territorio nemico. Ancora ora, pur avendo ottenuto una grande vittoria, non comprendiamo come sia stato possibile".

Li Su replicò: "Le nostre sconfitte hanno fatto sì che i nemici ci sottovalutassero e allentassero la vigilanza. Se avessimo approfittato delle vittorie, i ribelli si sarebbero ritirati dentro le mura di Caizhou e avrebbero organizzato la difesa. La tempesta di neve rendeva impossibile accendere i fuochi di segnalazione, e quindi abbiamo potuto marciare indisturbati. Dovevamo attaccare di sorpresa e vincere prima che arrivassero rinforzi. I nostri soldati si sono battuti con grande audacia e sprezzo del pericolo, e hanno conquistato la città in un solo giorno. Essendo isolati e trovandoci in ogni momento in estremo pericolo, tutti noi siamo stati costretti a combattere per la nostra stessa vita. Quando abbiamo una grande causa in mente, non dobbiamo preoccuparci di cose insignificanti. Se ci mostriamo orgogliosi per una piccola vittoria e preoccupati per una piccola sconfitta, come potremo mai concentrare la nostra mente per ottenere una grande vittoria?".

Tra le molteplici applicazioni di questo stratagemma nella storia, possiamo citare di passaggio il lancio della cosiddetta campagna *Shock and Awe* (Sgomento e terrore) da parte delle forze alleate in Iraq, il 19 marzo 2003, che avrebbe portato al bombardamento di diversi bersagli militari accuratamente selezionati, i più importanti dei quali furono i palazzi presidenziali del leader iracheno e diversi edifici governativi, fino alla cattura dello stesso Saddam. In questo caso, però, e come il decorso del tempo ha dimostrato, la strategia non ha raggiunto l'obiettivo, ma ha provocato una reazione che ha reso la situazione ancora più ingovernabile: gli iracheni non si sono piegati, ma anzi, hanno attuato operazioni e posto in atti espedienti ad altissimo impatto bellico, favoriti dall'intima conoscenza del terreno, dall'uso di milizie e cittadini disposti a tutto, oltre che dei mass media e della propaganda, sfruttati al massimo per controbattere colpo su colpo ogni iniziativa da parte alleata. Teoricamente, nelle intenzioni della Coalizione, quei bombardamenti volevano essere l'equivalente non nucleare delle atomiche sganciate su Hiroshima e Nagasaki durante la Seconda guerra mondiale, che costrinsero la leadership giapponese a modificare il proprio orientamento, una volta constatata la terribile catastrofe seguita alla mossa bellica americana.

STRATAGEMMI DA IMPIEGARE IN CASO DI SITUAZIONI CONFUSE

Se volete che il vostro avversario cada in preda alla confusione, dovete operare con un metodo adeguato e integrale. Questi sei stratagemmi nascono dalla totale conoscenza da parte dello stratega di ciò che egli e il nemico hanno a portata di mano, e di quanto è necessario a quest'ultimo per vincere. Pertanto, se non può superarlo con la potenza delle armi, lo affamerà. Se non può affamarlo, minerà le sue riserve. Se non può minare le sue riserve, lo costringerà a prendere strade sbagliate e così via. Per quanto l'avversario sia potente, la consapevolezza di ciò di cui dispone consentirà allo stratega di constatare cosa lo danneggia, magari aspettando che siano i suoi stessi errori a favorire la vittoria, oppure favorendo accordi di pace e aperture, ma sempre tenendo a mente che le alleanze fondate su interessi a breve termine possono portare a dover fare i conti con un altro avversario, mentre quelle strette dal nemico devono necessariamente essere vanificate, in base al principio *Divide et impera*.

STRATAGEMMA 19

釜底抽薪

Fu di chou xin

Togliere il fuoco da sotto la pentola

*Se non è possibile sostenere un confronto diretto con l'avversario, è tuttavia possibile vincere minando le sue riserve e il suo morale, e indebolendo la sua posizione, in accordo con l'immagine di Tui (il lago) al di sotto di Kkienn (il cielo), che nell'esagramma n. 10 dell'*I:Ching *danno luogo a Lü, il Procedere. La linea yang al quinto posto, in posizione di potere, viene paragonata a una tigre. Il trigramma inferiore Tui, gioioso e remissivo per natura, incontra con successo e senza pericolo la tigre. Per cui la sentenza recita: "Procedere sulla coda della tigre. Essa non morde l'uomo. Riuscita". In base alle singole linee, il debole che incontra il forte si troverà in pericolo se farà il passo più lungo della gamba, ma otterrà fortuna se si comporterà con un senso di timore e circospezione.*

Solo un pazzo cercherebbe di raffreddare l'acqua in una pentola sul fuoco togliendo quella calda con un mestolo e aggiungendone di nuova. Un capo militare che sfida apertamente un nemico più forte commette lo stesso tipo di errore, a un prezzo assai più alto. Pertanto, le leggi della strategia gli consigliano di non cercare lo scontro fino a quando non avrà significativamente ridotto la forza combattiva dell'avversario, soprattutto minando il morale dei suoi uomini. In altre parole, se non puoi sconfiggere il nemico con le tattiche militari, puoi farlo con altre non militari, ovvero: qualsiasi tattica che funziona è una tattica militare.

> La strategia politica per vincere una guerra consiste nel saper valutare il nemico, cercando di minare il morale delle sue truppe e distruggendo la sua disciplina, in modo che essa sembri intatta ma perda la sua utilità[43].

Nel mondo economico possiamo trovare molti esempi di eliminazione o espropriazione di sistemi di sostegno vitali per l'esistenza di interi settori. I colossi informatici ne sanno qualcosa: la fortuna dei produttori di computer poggia quasi totalmente sulla salute delle aziende che creano e perfezionano i sistemi operativi (come accadde in un passato non molto lontano alla IBM, che produceva computer corredati dal sistema operativo MS-DOS, poi soppiantato in tempi più recenti da Windows), le quali, a loro volta, conquistando la parte più sostanziosa del mercato, hanno il vantaggio di godere della più consistente riserva di software, che vengono prodotti per "girare" sul sistema operativo più diffuso sul mercato. Questo è uno dei principali motivi per cui vengono quasi quotidianamente realizzati investimenti relativi a società in grado di realizzare software avanzati che possono, per così dire, aggiungere o togliere forza ai sistemi operativi legati a questo o quel produttore di computer.

Su un piano più personale, questo stratagemma serve a ricordarci che i rapporti e le interazioni umane poggiano su una base assai complessa, in gran parte creata e proiettata dalla nostra mente egoistica, che vede piacere o sofferenza, soddisfazioni o problemi là dove esiste solo un complesso di cause e condizioni[44]. Siamo noi, invece, a dover togliere energia

[43] *Wei Liao Zi* ("Libro del maestro Wei Liao"), cap. IV.

[44] Così si esprime lama Zopa Rimpoce, nel suo *Trasformare i problemi in soluzioni* (Chiara Luce Edizioni, Pomaia, 1993, p. 23): "Quanto più siete convinti che i

alle distrazioni e agli attaccamenti, non per eliminarli (sarebbe impossibile), ma per trasformarli in vere e proprie opportunità positive di apprendimento e di autoconsapevolezza, lasciando la mente nel suo stato naturale e, con il progredire della pratica, agendo in definitiva per il bene di tutti gli esseri viventi.

Lo stratagemma nella storia

Nella primavera del 684 a.C., decimo anno di regno del duca Zhuang di Lu, il Paese fu invaso dall'esercito di Qi. Desideroso di condurre personalmente le proprie truppe alla riscossa, il duca chiese consiglio a uno dei suoi ministri, Shi Bo, il quale gli raccomandò i servigi di Cao Gui, che viveva in un villaggio e non aveva mai avuto alcun incarico, pur possedendo talenti pari a quelli di un ministro o di un generale.

Il duca convocò Cao Gui a palazzo, trattandolo con grande rispetto, ma chiedendogli subito a bruciapelo come fosse possibile vincere la guerra contro Qi. La risposta di Cao Gui fu altrettanto brusca.

"Prima di parlare della guerra, devi rispondere a una domanda. Cosa ti fa pensare di essere in grado di combattere una battaglia?".

Sorpreso, il duca esitò. "Io non tengo per me le mie ricchezze, il buon cibo e i bei vestiti, ma li condivido con i miei sudditi".

Cao Gui non sembrò per nulla impressionato. "Piccoli sono tali favori, e pochissime le persone che ne godono. La povera gente non ha debiti con te. Perché mai dovrebbe rispondere alla chiamata alle armi?".

"Ma...", esitò ancora una volta il duca, "quando offro sacrifici agli dèi, curo sempre che buoi e capre siano grassi, e la giada e le sete della qualità migliore. Quando prego, uso parole sincere. Pertanto, gli dèi favoriranno il mio popolo".

"Potrebbe anche non essere così. Ho sentito dire che gli dèi guardano ai fatti, non alle parole, e non si lasciano incantare da ricchi sacrifici. Quindi, non dovresti contare sulla loro benedizione per valutare la tua forza".

problemi derivino dall'esterno, tanto più grande sarà la vostra irritazione. Come un fuoco si espande man mano che aggiungete della benzina, la rabbia diventerà insopportabile e il karma negativo aumenterà sempre più. (...) Questa condizione della mente è denominata: 'tutto ciò che appare si manifesta come un nemico'".

"Sono molto attento nel risolvere i casi legali e, anche se non riesco a investigarli tutti fino in fondo, cerco di giudicare secondo ragione".

"Ecco un'impresa meritevole. Dal momento che lavori per il suo bene, il popolo deve esserti grato: ciò ti consentirà di sconfiggere i tuoi nemici".

Il volto del duca Zhuang si illuminò. "Allora puoi dirmi come devo fare per vincere questa guerra".

"In guerra, è opportuno conoscere bene la situazione prima di prendere decisioni. Portami con te. Ti darò i miei suggerimenti sul campo".

Una volta schierati i due eserciti, il generale di Qi, che temeva le forze del duca, lanciò i suoi uomini all'attacco al suono dei tamburi. Cao Gui rimase a guardare con calma, senza dire nulla. Il duca ordinò di suonare i tamburi e attaccare, ma fu fermato da un imperioso cenno della mano di Cao Gui, il quale disse con voce autoritaria: "Ordina alle truppe di non muoversi: ciascuno deve mantenere la propria posizione senza fare rumore, né gridare. Taglia la testa a chiunque disobbedisca". Il duca fece eseguire il suo ordine, ma poi lo fissò con aria interrogativa. Cao Gui spiegò: "I nemici sono più numerosi di noi. Non ci conviene attaccare: è meglio rimanere immobili".

Gli uomini del duca resistettero alla carica delle truppe di Qi, mantenendo la formazione difensiva e senza emettere un solo grido o fare un solo passo. Il generale nemico, vista l'impossibilità di penetrare nelle file dell'esercito del duca, fece ritirare gli uomini, riorganizzò i ranghi e poi ordinò di nuovo l'avanzata al secondo suono dei tamburi.

Quando gli invasori si mossero per la terza volta, Cao Gui disse al duca Zhuang: "Fai suonare i tamburi e ordina la carica!". Gli uomini di Lu si precipitarono arditamente sul nemico che, colto di sorpresa, si diede alla fuga. Il duca voleva inseguire i fuggiaschi, ma Cao Gui gli disse di aspettare. Poi salì sulla stanga anteriore del carro e osservò con calma gli uomini allo sbaraglio; discendendone, disse: "Possiamo inseguirli". Così fu fatto.

Il duca tornò alla capitale con il suo esercito vittorioso ma, non avendo ancora compreso a fondo la strategia di Cao Gui, gli chiese: "I nemici hanno suonato i tamburi per tre volte e hanno perduto. Noi abbiamo vinto al primo suono dei tamburi. Come mai?".

E Cao Gui replicò: "Il risultato di una battaglia deriva non tanto dalla forza, quanto dal coraggio dei contendenti. Il suono dei tamburi non è solo un segnale di attacco, ma stimola il morale dei soldati, essenziale per determinare le sorti di ogni esercito. Al primo suono gli uomini, pronti a dare battaglia, si getteranno nella mischia con tutta la loro energia. Se il primo assalto non riesce e odono il secondo suono di tamburo, si sentiranno frustrati. Al terzo suono, avranno perduto del tutto il loro impeto. Abbiamo vinto la battaglia al primo suono del tamburo perché i nostri nemici erano già al terzo".

"Ma quando si sono ritirati, perché non li abbiamo inseguiti subito?".

"Gli uomini di Qi sono soliti ingannare il nemico. Temevo che fingessero la ritirata per attirarci in una delle loro imboscate ma, salendo sulla stanga del carro, ho visto le tracce disordinate dei carri da battaglia e gli stendardi abbassati, per cui mi sono convinto che erano davvero in fuga".

Il duca esclamò, pieno di ammirazione: "Tu sei un vero maestro nell'arte della guerra!", e nominò all'istante Cao Gui ministro, colmandolo di grandi onori.

Circa trecento anni dopo (371 a.C.), questo stesso stratagemma sarebbe stato applicato nel corso della battaglia di Leuttra da Epaminonda, re dei Tebani, a spese degli Spartani che avevano invaso la Tebaide nell'ambito delle lotte per il controllo della penisola greca.

All'epoca, un combattimento prevedeva che le truppe si disponessero in un quadrato solitamente profondo dieci file e largo altrettanto, con le lance rivolte verso la formazione nemica. Le due falangi marciavano l'una contro l'altra: prevaleva quella che si dimostrava più forte o tenace, mentre l'altra rompeva i ranghi e fuggiva. In questo tipo di scontro, la disciplina spartana era stata a lungo la chiave della vittoria. Con i suoi 10.000 opliti, Cleombroto era numericamente superiore alle forze tebane. La cavalleria veniva usata dagli Spartani soprattutto per compiti di ricognizione e non era efficace in combattimento.

Anche i Tebani impiegavano la falange, ma la loro cavalleria era più efficiente di quella avversaria. Quello di Tebe era un problema di numeri: la Lega beotica era più piccola di quella peloponnesiaca, e re Epaminonda poteva contare solo su 6000 fanti e 1500 cavalieri. Nello scontro tra falangi, uno svantaggio di due a uno era un disastro annunciato, ed Epaminonda si rese conto che doveva fare qualcosa per far pendere la bilancia a suo favore. Elaborò così una strategia sconosciuta fino a quel momento nella storia militare: decise di mettere il grosso delle forze su un fianco, indebolendo l'altro, e proteggendo entrambi con la sua superiore cavalleria. Stabilita questa formazione, piazzò l'ala più poderosa, la sinistra, in posizione avanzata, facendo arretrare la destra in formazione a scacchiera: nella moderna terminologia, ciò viene definito "negare il fianco". Il piano prevedeva che il fianco più forte sfruttasse la propria superiorità locale per sopraffare l'ala nemica, mentre quello debole doveva agire soltanto come forza di contenimento; per aumentare le possibilità, il re pose al centro del fianco rinforzato i 300 soldati d'elite del Battaglione sacro.

Non si conosce il giorno esatto della battaglia, che comunque si svolse nel mese di luglio 371. Fu Epaminonda a dare inizio alle operazioni, schierando i suoi uomini davanti all'accampamento. Cleombroto rispose spiegando le truppe in formazione standard, in ranghi su dodici file; collocò le forze alleate all'ala sinistra, di fronte al fianco tebano arretrato, e la cavalleria davanti al fianco destro. Anche se a questo punto entrambi gli eserciti sembravano pronti per la battaglia, in realtà vi era qualche differenza: secondo alcune fonti, i Tebani avevano il morale a terra, e probabilmente fu questo il motivo per cui il debole fianco destro venne piazzato in posizione arretrata, dove le truppe più demoralizzate avevano minori possibilità di essere attaccate e, quindi, di avere la peggio. La maggior parte dei cronisti riporta che gli Spartani cominciarono a bere di buon mattino e che a mezzodì erano piuttosto su di giri, diventando piuttosto aggressivi. Altri riferiscono che il giorno scelto da Epaminonda era una festività religiosa per gli Spartani, i quali avrebbero perciò preferito rinviare il combattimento; a conoscenza di questo fatto, il Tebano comincio a ritirare alcuni dei suoi uomini, dando l'impressione di rimandarli all'accampamento e inducendo gli avversari a imitarlo. Appena un certo numero di Spartani fu rientrato alla base, i Tebani serrarono di nuovo i ranghi e attaccarono: il re tebano era riuscito a ridurre la superiorità numerica del nemico. Il prestigio militare di Sparta era stato infranto, e anche quello politico non era lontano dalla fine.

STRATAGEMMA 20

混
水
摸
魚

Hun shui mo yu

Intorbidire l'acqua per catturare i pesci

È possibile usare la confusione non creata deliberatamente a proprio vantaggio per prendere ciò che si vuole. In particolare, ciò significa trarre vantaggio dalle carenze del comando nemico per raccogliere seguaci tra quanti sono neutrali o non hanno voce in capitolo.

*Ciò si deduce dall'esagramma n. 17 dell'*I:Ching, *Sui, il Seguire, composto dal simbolo Cenn (tuono, movimento, figlio primogenito) al di sotto di Tui (lago, gioia, figlia minore), la cui sentenza recita: "In mezzo al lago sta il tuono: l'immagine del seguire. Così il nobile al tempo del crepuscolo rincasa per ristorarsi e riposare". Il movimento gioioso attira molti seguaci, ma chi vuole essere seguito deve prima farsi seguace egli stesso, per ispirare fiducia negli altri.*

Questa strategia consiglia di occultare l'identità delle proprie truppe, sfruttandone al massimo la mobilità e ingannando il nemico fino al momento dell'attacco. Tuttavia, il saggio comandante sa che in genere non è consigliabile contare esclusivamente sull'inganno, a meno di non avere sempre piani di emergenza nel caso in cui esso fallisca o quando, come in questo caso, l'avversario cade preda del disordine e della confusione. Da tali circostanze è possibile trarre profitto, mantenendo il sangue freddo e il potere di comunicazione, e guadagnando prestigio e influenza al fine di offrire guida e soluzioni opportune.

Lo stratagemma ricorda da vicino il 5 ("Approfittare dell'incendio per darsi al saccheggio"), in quanto entrambi traggono vantaggio dalle altrui sfortune, già esistenti o create all'uopo; in questo caso, però, si approfitta non tanto di problemi particolari dell'avversario, ma di una situazione generale di confusione e di caos. Ovviamente, in campo politico questo espediente ha grandi probabilità di successo, come dimostrato dalle più riuscite rivoluzioni della storia, che inizialmente hanno sempre rappresentato una valida alternativa a regimi che avevano finito per ripugnare all'opinione pubblica: i bolscevichi ebbero ragione in un tempo relativamente breve del regime zarista, minato alla base dalla corruzione e dall'inefficienza, così come la Rivoluzione cinese trionfò su una situazione ormai impantanata in un continuo stato di guerra e di inflazione economica che si protraeva da più di un secolo.

Vero è che le situazioni di disordine possiedono un innegabile valore positivo, poiché in tempi travagliati e massimamente competitivi è più probabile l'emergere di innovazioni in campo scientifico, sociale, umanitario e in tutti quei settori in cui la mente umana ha più possibilità di scoprire, d'innovare e di aprire nuove strade.

Nell'ambito filosofico, invece, e soprattutto per quanto riguarda le discipline orientali, l'obiettivo è esattamente opposto: la mente richiama proprio l'esempio di uno stagno di acqua torbida in cui nuotano vorticosamente i pesci (i pensieri), che va chiarificata per mezzo della meditazione, lasciando depositare sul fondo tutto ciò che rende impossibile una percezione nitida. E proprio a quest'ultima fa riferimento Miyamoto Musashi, quando, spiegando come difendersi da forze soverchianti, afferma:

> (...) Fai qualsiasi cosa che possa riunire gli avversari come un branco di pesci che si fiancheggiano l'un l'altro; e quando ti accorgi che la schiera è

scompigliata e che essi attaccano in successione, respingili e colpisci forte, senza lasciare un attimo di tregua.
Non frutta nulla respingerli semplicemente quando avanzano in gruppo. Altrettanto è senza senso aspettare di attaccarli man mano che uno si fa sotto, introducendo degli attimi di attesa nella tua determinazione. Percepisci il loro ritmo di attacco e impegnati a romperlo[45].

Lo stratagemma nella storia

Alla fine della dinastia Han orientale, l'impero cinese era diviso tra diversi signori della guerra, e l'imperatore regnava solo nominalmente, protetto da Cao Cao, il consigliere che in realtà teneva ben salde le redini del potere, suscitando odi e gelosie tra i suoi rivali. Uno di questi, Yuan Shao, che controllava le quattro regioni di Ji, Qing, Bin e You, ed era perciò assai potente e influente, oltre ad avere ai suoi ordini un vastissimo esercito, decise di imbarcarsi in una guerra contro Cao Cao per prendere il suo posto.

Uno dopo l'altro, molti dei suoi consiglieri tentarono di dissuadere Yuan Shao da tale proposito perché, se era vero che questi poteva vantare una forza militare superiore a quella dell'avversario, Cao Cao conosceva bene le regole dell'arte della guerra e, nonostante i pochi reparti militari di cui disponeva, avrebbe sicuramente reso imprevedibile l'esito di uno scontro. Ma Yuan Shao fu irremovibile, al punto da gettare in prigione chiunque osasse mettere in dubbio la riuscita dei suoi piani, e rifiutò ostinatamente di ascoltare chi gli suggeriva di attendere almeno un anno, che avrebbe potuto impiegare per rafforzarsi e favorire l'agricoltura, al fine di fornire ai suoi uomini rifornimenti sufficienti per affrontare la guerra.

Al contrario, mosse subito contro il nemico, subendo una serie di sconfitte e la perdita di due dei suoi più prestigiosi generali, ma nemmeno questo riuscì a dissuaderlo. Dopo un breve periodo di riposo, marciò con centomila uomini verso la città di Yangwu (la moderna Yuanyang nella provincia dell'Henan) a nord del Fiume Giallo, preparandosi ad attaccare di nuovo il nemico accampato sulla riva meridionale del fiume.

[45] Miyamoto Musashi, *Il libro dei cinque anelli*, cit., p. 85.

Cao Cao, in possesso di soli trentamila uomini, era costretto a combattere una guerra assai rapida, per il pericolo di rimanere senza scorte. Ciò nonostante, riuscì a impossessarsi di alcuni carri con i rifornimenti per il nemico. Dopo qualche tempo, però, fu costretto a inviare una richiesta di aiuto nella capitale Xuchang. Il messaggero venne catturato dagli uomini di Yuan Shao. Un consigliere di quest'ultimo, Xu You, chiese di vederlo per consigliare il suo signore di attaccare la capitale, dal momento che il grosso delle forze di Cao Cao erano davanti a loro, ma ancora una volta Yuan Shao rifiutò, ritenendo che Xu You, che era stato amico d'infanzia di Cao Cao, si fosse venduto a quest'ultimo per tradirlo. Indignato, il consigliere decise di lasciare il suo incarico e si rifugiò presso il suo amico di un tempo. Cao Cao lo ricevette con tutti gli onori, e gli chiese come poteva sconfiggere il rivale.

"Ma io gli ho già consigliato di attaccare Xuchang", obiettò Xu You.

"Dunque", sospirò Cao Cao, "se seguirà il tuo consiglio, mi troverò in guai molto seri".

"Di quante provviste disponi?".

"Ve ne sono a sufficienza per un anno".

"Mi sembra alquanto improbabile".

"In realtà, ne abbiamo solo per sei mesi".

Xu You si alzò e fece per andarsene. "Sono venuto da te come amico e tu mi accogli con l'inganno!".

"Non adirarti, ti prego", rispose Cao Cao. "Se devo essere sincero, non sopravviveremo per più di tre mesi".

Xu You scoppiò a ridere. "Ho sentito che ti chiamano 'l'eroe astuto', e il soprannome ti sta a pennello!".

"La guerra è un gioco di inganni, no?", rise di rimando Cao Cao. E poi, abbassando la voce: "Alla fine del mese saremo senza provviste".

"Non prendermi in giro. So che i tuoi uomini non hanno di che mangiare". "Come fai a saperlo?". E Xu You parlò del messaggero catturato.

"Quale strategia mi consigli?", chiese Cao Cao. E l'amico: "Tu guidi un piccolo esercito a combattere contro forze schiaccianti e non cerchi una soluzione rapida. Questo è un modo suicida di condurre una guerra! Il mio piano getterà lo scompiglio in soli tre giorni tra gli uomini di Yuan Shao".

"Ti ascolto".

"Yuan Shao tiene tutti i suoi rifornimenti a Wucao, e il comandante della guarnigione è solito alzare troppo il gomito. Puoi inviare alcuni uomini camuffati da soldati nemici, con l'apparente incarico di rafforzare la guardia del campo, e poi farlo dare alle fiamme".

Cao Cao mise subito in atto il piano, scegliendo cinquemila uomini che avrebbe condotto personalmente nella missione e lasciando suo fratello al comando dell'esercito. Quella stessa notte, il campo dei rifornimenti nemici venne incendiato. Udendo la notizia, Yuan Shao disse: "Gli uomini di Cao Cao sono impegnati a Wucao, pertanto possiamo attaccare il suo campo qui. Non avrà più un luogo dove far ritorno". Nonostante le proteste dei suoi consiglieri, diede l'ordine di attacco, limitandosi a inviare solo un piccolo contingente in soccorso di Wucao.

Ma il campo di Cao Cao era ben fortificato e resistette, e fu facile per questi aver ragione del reparto di cavalleria inviato a Wucao, per poi tornare di nuovo e trionfare sul suo nemico.

Tra i numerosi trofei della battaglia, un cofanetto adorno di perle attirò l'attenzione di Cao Cao. Risultò essere pieno di lettere di suoi subordinati, alcuni rimasti a Xuchang e altri presenti con lui nella spedizione, che giuravano fedeltà a Yuan Shao. Diede immediatamente ordine di bruciare le lettere, commentando: "Il mio rivale era così forte e io talmente debole da non riuscire nemmeno a proteggere me stesso. Come potrei accusare gli altri?".

STRATAGEMMA 21

金蟬脱殻

Jin chan tuo qiao

La cicala dorata abbandona il suo guscio

Ciò significa lasciarsi alle spalle false apparenze create appositamente per scopi strategici. Come il guscio della cicala, la facciata rimane intatta, ma l'azione reale si svolge altrove.

*Il riferimento è all'esagramma n. 18 dell'*I:Ching, *l'Emendamento delle cose guaste, composto da Sunn (il vento, il mite) sotto e da Kenn (il monte, l'immobile), sopra. La sentenza recita: "L'emendamento delle cose guaste ha sublime riuscita. Propizio è attraversare la grande acqua. Prima del punto iniziale tre giorni, dopo il punto iniziale tre giorni". L'immobilità ha fatto guastare le cose: pertanto, per ricominciare, è opportuno agire con grande cautela, senza lanciarsi sconsideratamente avanti, ma lasciando trascorrere un po' di tempo al fine di riorganizzarsi all'interno.*

La cicala lascia il suo guscio intatto, così da farlo sembrare una cicala vera. Analogamente, i generali inferiori di numero o destinati all'esecuzione creavano false personificazioni di se stessi per eludere il pericolo.

Questa strategia gioca anche sulle aspettative del vostro avversario: se suppone che vi troviate in un certo luogo o che poniate in atto una certa tattica, potete creare l'illusione di essere esattamente dove egli immagina, fingendo inattività. Nel frattempo, destinerete le energie all'attuazione dei vostri piani altrove.

Creare illusioni nella propria vita personale e lavorativa può a volte rendersi necessario per ragioni tattiche, ma è uno stratagemma che non è consigliabile usare spesso, per evitare di sembrare inaffidabili. In campo economico, si sente parlare spesso di cambiamenti sostanziali negli staff dirigenziali di grandi società, intesi a dare alla stessa una "nuova immagine", ma è ovvio che nessuno darebbe credito a un'azienda al cui vertice si avvicendano continuamente nomi nuovi, riflessione tanto più ovvia quando si tratta di governi alla guida della politica di un Paese...

Nell'ambito delle "false apparenze", Miyamoto Musashi accenna opportunamente a quello che chiama "contagio":

> In molti campi c'è la possibilità di influenzare per contagio, comunicando per esempio il sonno o lo sbadiglio; così anche il ritmo può essere comunicato.
> Nel combattimento tra eserciti, quando il nemico è in stato di agitazione e mostra segni di impazienza, offrigli l'immagine di completa rilassatezza, come se nulla potesse interessarti. Quando ritieni di averlo contagiato, potrai mirare alla vittoria attaccandolo repentinamente con lo spirito del Vuoto.
> Nel singolo combattimento puoi vincere mostrandoti rilassato nel corpo e nello spirito e cogliendo il momento in cui l'avversario si rilassa per contagio per attaccare forte e veloce, mirando alla vittoria[46].

[46] Miyamoto Musashi, *Il libro dei cinque anelli*, cit., p. 105. Il "Vuoto" allude alla "mente vuota", cioè libera da attaccamenti e quindi da pensieri di vittoria o timori di sconfitta.

Lo stratagemma nella storia

Nel 35 d.C. Wu Han, comandante in capo delle forze del primo imperatore della dinastia Han orientale Liu Xiu, guidò un corpo di spedizione di trentamila uomini fino al fiume Yangtze per attaccare e sottomettere Gongsun Shu, il ribelle signore della guerra di Sichuan.

Dopo aver vinto una battaglia molto importante, all'inizio della primavera seguente Wu Han osò spingersi ancora più a nord, nel cuore del territorio nemico. L'imperatore, dopo aver intimato la resa a Gongsun Shu, ottenendone uno sdegnoso rifiuto, diede a Wu Han istruzioni sulla strategia da adottare. "Chengdu, la città che intendi assediare, ha una forza di oltre centomila uomini, che non dev'essere sottovalutata. Fermati a Guangdu e attendi che il nemico avanzi per attaccarti. Se non lo fa, puoi spingerti avanti per minacciarlo. Non dare battaglia fino a quando non lo avrai esaurito del tutto".

Wu Han condusse ventimila uomini a nord verso Chengdu, facendo accampare metà del suo esercito sulla riva nord del fiume e inviando l'altra metà ad accamparsi sulla riva sud, agli ordini di un ufficiale di nome Liu Shang.

Quando l'imperatore venne a conoscenza di questa manovra, si allarmò e mandò a dire a Wu Han: "Ti ho avvertito cento volte e ancora fai cose come queste! Hai sottovalutato il nemico, penetrando troppo in profondità nel suo territorio. Inoltre, tu e Liu Shang avete allestito campi separati, in modo che per il nemico sia più facile assalirvi separatamente. Torna immediatamente a Guangdu".

Ma il messaggio non giunse in tempo. Gongsun Shu fece quanto l'imperatore aveva predetto, impedendo alle due metà dell'esercito imperiale di prestarsi soccorso a vicenda. Le truppe di Wu Han combatterono valorosamente, ma furono costrette a ritirarsi all'interno del campo fortificato. Qui il comandante radunò gli ufficiali per decidere sul da farsi. "Siamo penetrati troppo profondamente in territorio nemico, e ora ci troviamo in una situazione assai spiacevole. Dobbiamo spostarci in segreto sulla riva meridionale del fiume, riunirci alle forze di Liu Shang e combattere il nemico insieme. Dal risultato di questa manovra dipende il nostro destino".

Per i successivi tre giorni Wu Han fece nutrire abbondantemente uomini e cavalli, e ordinò alle truppe di rimanere dietro i bastioni. Fece altresì issare numerose bandiere in tutto il campo e mantenere i fuochi accesi, così che dal suo accampamento si levasse continuamente del fumo.

La notte del terzo giorno, guidò i suoi uomini attraverso uno stretto sentiero fino al campo di Liu Shang. Al mattino Gongsun Shu, immaginando piena attività nel campo nemico, lo fece attaccare dal grosso delle sue forze, inviando solo un piccolo contingente ad assalire Liu Shang dove, però, incontrò le forze riunite dell'esercito imperiale, che si batterono audacemente per salvare la propria vita, riuscendo alla fine a conseguire una sofferta vittoria. In seguito, Wu Han scrisse un rapporto all'imperatore assumendosi la responsabilità del proprio grave errore. Liu Xiu apprezzò il suo gesto e continuò a inviargli suggerimenti strategici per vincere la guerra. Tuttavia, ci vollero altre otto battaglie per sconfiggere definitivamente Gongsun Shu e conquistare infine la città di Chengdu.

In passato, diversi generali attuarono la strategia della "ritirata a sorpresa": ad esempio, nel corso della Rivoluzione americana, a Trenton (1776), George Washington, che disponeva di uno scarsissimo numero di uomini e lottava contro il tempo e l'inverno imminente, riuscì il giorno dopo Natale a cogliere di sorpresa i tedeschi a guardia della guarnigione, ben sapendo che i nemici sarebbero stati addormentati e probabilmente ubriachi in seguito ai festeggiamenti. La sorpresa fu totale e diede luogo unicamente a una breve scaramuccia. I rivoluzionari riuscirono a occupare la città, ma si prepararono a ritirarsi nuovamente di fronte all'avanzata delle truppe inglesi, guidate da Lord Charles Cornwallis. Questi sorprese gli americani vicino alla città il 2 gennaio ma, invece di attaccare quel giorno stesso, che ormai volgeva al termine, decise di accamparsi, preparandosi a combattere il mattino successivo.

Washington ordinò che tutti i fuochi del campo fossero accesi e fece suonare le cornamuse, allo scopo di far ritirare i suoi uomini sotto gli occhi dei soldati britannici. A piccoli gruppi, gli americani scivolarono nella vicina foresta, lasciando dietro di sé dei fantocci di paglia armati di moschetto e posti di sentinella vicino ai fuochi. Riuscirono così a riportare una vittoria abbastanza facile, ma fondamentale per l'arruolamento tra i coloni di nuove reclute che avrebbero permesso di continuare a sostenere la causa rivoluzionaria e risollevarne il prestigio offuscato da diverse sconfitte. La causa dell'indipendenza americana fu favorita proprio dalle due sorprese poste in essere da George Washington il quale, cinque anni dopo (1781), ripeté con successo lo stratagemma della cicala dorata che abbandona il suo guscio quando, per nascondere la marcia verso la Virginia, finse di voler attaccare New York; in tal modo, riuscì a ingannare il comandante inglese Henry Clinton sulla vera natura e scopo delle sue mosse, cosa che gli consentì di raddoppiare il numero dei suoi uomini e di vincere facilmente a Yorktown. Due anni dopo sarebbe stato firmato il Trattato di Parigi, con cui Londra avrebbe riconosciuto l'indipendenza americana. Le conseguenze della guerra coloniale si fecero sentire anche in Europa: il re francese Luigi XVI aveva sostenuto enormi spese per aiutare i nascenti Stati Uniti, e le sue finanze erano allo stremo. "Le condizioni sempre peggiori dell'economia, insieme alla filosofia di libertà abbracciata da molti soldati in America, nel 1789 portarono la rivoluzione anche in Francia. Luigi riuscì a nuocere agli antichi nemici inglesi, ma finì per pagare tale successo con il trono e la testa"[47].

[47] Paul K. Davis, *Le 100 battaglie*, cit., p. 347.

STRATAGEMMA 22

關
門
捉
賊

Guan men zhuo zei

Sprangare le porte per catturare il ladro

*Per catturare gli invasori o i ladri, è sufficiente non lasciare che si allontanino con il bottino. E se fuggono, non bisogna inseguirli, per evitare di cadere preda della loro strategia, tesa a catturare il nemico fiaccato dalla caccia. La sentenza dell'esagramma n. 23 dell'*I:Ching, *lo Sgretolamento, afferma: "Non è propizio andare in qualche luogo". L'esagramma mostra al di sopra della terra, Kkunn, il simbolo di un monte, Kenn, esposto all'impatto erosivo degli elementi. Le cinque linee yin sotto l'unica yang al di sopra alludono alle fondamenta minate della casa. Quindi, il significato generale dell'esagramma allude a guasto, disintegrazione, condizioni avverse in cui non è propizio intraprendere qualche cosa.*

Talvolta le persone si mettono da sole in trappola, e non rimane da fare altro che chiudere la porta. Fate sì che il ladro si ritrovi solo con le proprie paure, e cadrà. Catturare qualcuno nella sua stessa rete di bugie è un modo di "chiudere la porta", e la trappola è pronta a scattare. Il generale saggio non deve fare altro che cogliere il tempo opportuno e aver pronte parole e prove. Spesso tutto ciò richiede pazienza, per lasciare che l'avversario "costruisca" da sé il comportamento che lo metterà alle corde. Questa strategia non richiede grande spreco di energie, ma solo un'azione in armonia con le circostanze e la comprensione dell'idea che una persona troppo aggressiva e pericolosa in realtà ha paura. È opportuno avere ben chiaro chi sia il ladro e chi la persona onesta, e praticare una compostezza d'acciaio, in modo da non restare intrappolati insieme all'avversario.

Il tentativo di conquistare sempre maggiori fette di clientela ha spesso fatto sì che i mercati di tutto il mondo attuassero molte delle strategie qui illustrate. Questa è una delle più comuni: in questo caso, il "ladro" altri non è che il cliente, allettato dal "lancio" di un nuovo prodotto (per il quale si prevede però un ciclo vitale abbastanza lungo, altrimenti la strategia potrebbe avere un effetto boomerang...) a prezzi concorrenziali. Ciò che c'è di particolare in questo caso è proprio il cliente: il target non è generico, poiché si mira alle persone per cui quel determinato prodotto ha un grande valore e che sarebbero disposte a pagarlo molto di più. Tutto ciò punta alla creazione di un settore di mercato che ha già in sé il seme di un'espansione a ritmo vertiginoso, sempre che il prodotto mantenga, e anzi migliori, le caratteristiche di qualità e di "insostituibilità" che aveva all'inizio: una volta catturato, il cliente non abbandonerà più la "casa" e, se lo farà, sarà solo per rivolgersi a beni analoghi, trovandosi costretto ad effettuare continui confronti con quel primo prodotto. È ovvio che nella maggior parte dei casi finirà per tornare ad esso, e senza battere ciglio di fronte ad eventuali aumenti, anzi convinto di "risparmiare".

Miyamoto Musashi faceva indirettamente riferimento a questo concetto quando scriveva: "Un ladro colto in flagrante e circondato in una casa viene considerato dalla gente come un essere pericoloso; ma mettendovi al suo posto lo troverete solo contro tutti e piuttosto terrorizzato dal non vedere alcuna via d'uscita. Si sente braccato come un fagiano, e quelli tutt'attorno sono falchi. È importante vedersi in questa situazione"[48].

Lo stratagemma nella storia

La battaglia del fiume Haoshui (1041 d.C.), avvenuta durante il periodo della debole dinastia Song (960-1279), rappresenta uno dei tanti esempi di applicazione di questa strategia.

La forza combattiva dell'esercito imperiale, grandemente ridotta dai continui avvicendamenti alla guida delle truppe (motivati dall'intento di evitare che i comandanti consolidassero la propria posizione e base di potere, ma che a lungo andare minarono alle fondamenta le capacità militari), subì un gravissimo colpo da parte di Yuanhao, capo della tribù Tuoba (che dominava il popolo Tangut), che nel 1038 istituì a nord-ovest della Cina il potente e agguerrito regno di Xia, del quale si proclamò primo imperatore, per poi procedere subito a scontrarsi sia con i Song che con il regno di Liao, a nord.

All'inizio della primavera del 1041, Yuanhao si diresse a sud con centomila uomini, nonostante il gelo persistente e i fiumi ghiacciati. Incontrò poca resistenza, riuscendo ben presto ad arrivare alla fortezza di Huaiyuan. Il vicecommissario imperiale Han Qi, consapevole del fatto che gli uomini di Xia erano in grado di sferrare violentissime offensive, ma non di resistere a lungo in condizioni ambientali avverse, organizzò la difesa in modo da fiaccarne la forza e il morale, ma il generale da lui inviato, Ren Fu, cadde nello stratagemma attuato dal nemico, che si fingeva pauroso e vile. Benché i suoi consiglieri gli ricordassero la falsità caratteristica degli uomini di Xia, egli ignorò l'ammonimento e cominciò a inseguire il nemico in fuga che, facendosi vedere sempre alla distanza di quattro o cinque *li* davanti all'esercito di Ren Fu, lo guidò dove voleva, cioè verso il fiume Haoshui, a ovest. Quando questi si rese finalmente conto di essere stato ingannato, decise di assediare la città di Yangmulong. Informato della presenza del nemico, fece fermare le truppe a poca distanza dalla città. Lungo la strada, però, giacevano abbandonate alcune grandi casse di legno, accuratamente sigillate, dall'interno delle quali provenivano strani fruscii e rumori. Aperte, le casse rivelarono all'interno dozzine di piccioni che si innal-

[48] Miyamoto Musashi, *Il libro dei cinque anelli*, cit., p. 102 s.

zarono tutti insieme in volo facendo suonare dei campanelli che portavano appesi alle zampe. Il suono avvertì Yuanhao che la trappola era scattata e che l'esercito Song era alla sua mercé. Ren Fu trovò estrema difficoltà nel coordinare i suoi uomini, la maggior parte dei quali era stata appena reclutata tra contadini e montanari e non possedeva quasi nessuna esperienza di combattimento. I suoi disperati tentativi di rompere l'accerchiamento non ebbero alcun effetto, pur dando luogo a numerosi episodi di eroismo (lo stesso Ren Fu combatté fieramente fino ad essere colpito da una lancia che gli trafisse il volto). Gli uomini dell'esercito Song furono decimati dalla ferocia degli Xia; queste sconfitte si sarebbero ripetute più volte nel corso dei dieci anni di regno di Yuanhao, e la popolazione Song che tanto soffrì per le sue scorribande considerò alla fine un segno di giustizia divina la sua morte per mano del figlio.

Mao Tse-tung dimostrò più volte di conoscere bene questo stratagemma, durante la guerra civile che insanguinò la Cina e che lo portò poi alla guida del Paese. All'inizio della sua campagna di conquista del nord-est, egli ordinò di occupare la città di Jingzhou, situata allo sbocco del collo di bottiglia che collegava la Manciuria con il resto del paese. Quando Jingzhou cadde nelle mani dei comunisti, le armate del Kuomintang che si trovavano nella zona non ebbero più la possibilità né di chiedere rinforzi, né tantomeno di fuggire. Più di mezzo milione di uomini persero la vita nella battaglia che seguì la cattura della città.

STRATAGEMMA 23

遠
交
近
攻

Yuan jiao jin gong

Allearsi ai lontani per attaccare i vicini

Quando si è maggiormente esposti agli attacchi degli avversari più vicini, ci si può difendere cogliendoli di sorpresa e riducendo il loro spazio di manovra, facendo sì che vengano accerchiati da preponderanti forze alleate.

*L'esagramma n. 38 dell'*I:Ching, *la Contrapposizione, vede il segno superiore Li (il fuoco) andare verso l'alto, l'inferiore Tui (Il lago) dirigersi invece verso il basso. La sentenza recita: "La contrapposizione: il fuoco si muove verso l'alto. Il lago si muove verso il basso". In base al commento, in natura gli opposti adempiono la stessa finalità. Il cielo e la terra sono opposti, eppure condividono la stessa funzione in favore della vita. L'uomo e la donna sono contrapposti, ma la loro aspirazione va verso l'unione, e così accade per tutti gli esseri. Dal punto di vista utilitaristico adottato da questo stratagemma, si possono sfruttare approcci totalmente diversi per raggiungere lo stesso obiettivo.*

Le contingenze e l'abilità determinano spesso l'ordine delle operazioni in battaglia ma, come scrisse Sun Zu, è saggio, in genere, amministrare le proprie energie e risorse facendo in modo che i nemici disperdano le loro. Va anche considerato che la lotta contro un avversario lontano e potente può apportare sì grande fama, ma senza un effettivo guadagno, mentre il raggiungimento di obiettivi più immediati può concretizzare risorse in grado di consolidare una posizione acquisita.

Questo stratagemma ha due applicazioni, la prima delle quali è la più ovvia: evitare una guerra su due fronti stipulando una pace o una tregua con uno dei due avversari prima di attaccare l'altro. Inoltre, se si hanno due battaglie da combattere, è saggio impegnarsi prima con il nemico più a portata di mano. A tal fine, però, è necessario ottenere almeno una tregua temporanea con l'avversario meno pericoloso e più lontano.

La seconda, meno apparente applicazione di questo stratagemma consiste nell'organizzare la propria avanzata. Talvolta, vincere una battaglia facilita le vittorie successive. Un corretto ordine di operazioni può agevolare il vostro compito. Nel Tae Kwon Do, e in genere in tutte le arti marziali di combattimento, quando si devono affrontare due avversari, è opportuno fare in modo che il più aggressivo dei due stia tra chi si difende e l'aggressore più forte. In questo modo, l'aggressore nel mezzo si trova tra due fuochi ed è esposto a calci e pugni, deliberati da parte del difensore, accidentali da parte dell'altro aggressore. Quindi, manovrando opportunamente, l'aggredito può in realtà scontrarsi con un avversario solo: se affrontasse per primo il più forte, sarebbe costretto a impegnare più energie e l'altro attaccante potrebbe provocargli seri danni.

Lo stratagemma nella storia

Alla fine del periodo degli Stati Combattenti, Qin emerse come lo Stato più potente e, al fine di ottenere il controllo sull'intera Cina, procedette distruggendo i suoi rivali uno ad uno. Nonostante la sua superiorità, non avrebbe mai potuto affrontare una coalizione di tutti gli altri Stati, e sfruttò in più occasioni questo stratagemma, mantenendo relazioni amichevoli con i popoli più distanti, mentre combatteva quelli vicini, in base a quanto proposto dal celebre statista dell'epoca Fan Sui. La riuscita applicazione di questa strategia portò infine all'unificazione del Paese sotto la dinastia Qin.

Le difficoltà che si incontrano nel conquistare territori lontani e nel consolidare tali vittorie sono ben illustrate dalla storia del colonialismo. Un tempo, il sole non tramontava mai sull'impero britannico ma, a poco a poco, l'Inghilterra si trovò nell'impossibilità di mantenere tutte le sue colonie. D'altro canto, la Russia zarista riuscì a espandersi verso est e a inghiottire più di un milione e mezzo di chilometri quadrati di territorio cinese, gran parte dei quali ancora rivendicati da Mosca. E lo Stato israeliano trae vantaggio del sostegno della lontana superpotenza statunitense, mentre cerca di mantenere una coesistenza pacifica con i Paesi arabi poco distanti, come Arabia Saudita e Kuwait, nello stesso tempo combattendo con il Libano e conservando tuttora una salda presa sulla striscia di Gaza.

STRATAGEMMA 24

假道伐虢

Jia dao fa guo

Ottenere un passaggio sicuro per occupare Guo

Ci si può assicurare l'uso temporaneo dei mezzi o dei servizi di un'altra parte per muovere contro un nemico comune. Una volta sconfitto quest'ultimo, quei mezzi o servizi possono essere sfruttati contro la parte stessa da cui sono stati presi a prestito.

*Il riferimento è all'esagramma n. 47 dell'*I:Ching*, Kkunn, l'Assillo (o l'Esaurimento), che mostra il simbolo di Kkann (acqua) al di sotto di Tui (il lago), a indicare il prosciugamento che rappresenta un periodo di avversità. Colti in una situazione sfavorevole, si deve migliorare la propria sorte intraprendendo qualcosa: le sole parole non porteranno a nulla, ed ecco perché la sentenza dice: "Se si ha da dire una cosa, non si è creduti".*

Lo stratagemma consiglia di usare la collocazione strategica di un alleato come ponte di lancio per le proprie forze. Uno dei vantaggi consiste nel fatto che è l'"intermediario", per così dire, a "scottarsi", e voi potete evitare che la battaglia si svolga sul vostro terreno. Inoltre, le vostre forze possono rimanere a lungo in terreno amico, in modo che ne tragga beneficio la gestione delle linee di rifornimento. Infine, se la vostra battaglia ha successo, avete già le vostre truppe dislocate sul terreno di qualcun altro.

Vero è che, se ad una considerazione superficiale questo stratagemma apre la strada al tradimento e al sopruso, esso può anche essere usato per il reciproco vantaggio. Un esempio può essere quello della presenza, in base agli accordi NATO, di truppe americane sul suolo di altri Paesi, che nel corso della seconda metà del secolo scorso ha aperto la strada a mutui scambi commerciali, ideologici, politici e sociali, aprendo l'Occidente alle nuove idee di democrazia liberale e consentendo ai cittadini americani di conoscere le altre culture, facendosi un'idea più precisa del resto del mondo.

Questo stratagemma poggia sul principio di economia delle forze. Come nota Sun Zu, la situazione ideale è quella che permette di risparmiare le energie lasciando che l'avversario esaurisca le sue. Quindi, ottenere benefici dagli altri in modo pacifico rappresenta un altro mezzo per sfruttare al meglio le proprie risorse. È questo il motivo del grande uso che si fa di rappresentanti, agenti, legali: si paga qualcun altro che sostenga in propria vece responsabilità e pressioni derivanti da una particolare situazione di conflitto, per continuare indisturbati a gestire i propri interessi.

Lo stratagemma può essere considerato una variante del precedente. In questo caso, invece di combattere nemici vicini mantenendo legami con quelli più lontani, si agisce all'inverso, ottenendo un passaggio sul suolo di un nemico vicino per attaccarne uno più lontano.

Lo stratagemma nella storia

La battaglia che diede origine al nome di questo stratagemma ebbe luogo nel periodo dell'Estate e dell'Autunno, che vide il declino della prestigiosa casa regnante di Zhou, mentre la guerra si stava evolvendo da sport praticato dai nobili durante la bella stagione a una prassi volta ad acquisire potere e risorse. Mirando a sconfiggere i due piccoli Stati vicini di Yu e Guo, nel 652 a.C. il duca Xian del potente Stato di Jin convocò il suo fidato ministro Xun Xi, manifestando l'intenzione di attaccare Guo.

"Guo e Yu sono molto vicini. Se attacchi uno solo di essi, l'altro accorrerà in sua difesa. L'esito è tutt'altro che sicuro, impegnandoli singolarmente in battaglia".

"Quale piano possiamo adottare, allora?".

"Un piano che richiede tempo. Invia alcune belle schiave al duca di Guo. La sua infatuazione per loro causerà lamentele tra i sudditi. Nel frattempo, convinci le tribù del nord ad attaccare Guo; in tal modo, ti sarà più facile vincere un Paese dilaniato da problemi interni ed esterni".

Il duca attuò questo piano, trovandolo conforme ai suoi propositi. Poi convocò ancora Xun Xi e gli chiese: "Ora possiamo attaccare Guo?".

"No, perché ha ancora Yu come alleato. Fai così: presenta al duca di Yu alcuni splendidi doni, chiedendogli di lasciarti passare sul suo territorio per attaccare Guo".

"Ma abbiamo appena offerto doni a Guo e firmato un accordo di pace. Come possiamo far credere a Yu che vogliamo attaccare Guo invece dello stesso Yu?".

"Manda i tuoi uomini alla frontiera a effettuare scorrerie nel territorio di Guo: quando quest'ultimo protesterà, sfrutta il pretesto per assalirlo. In questo modo convincerai Yu delle tue intenzioni".

Il duca ordinò di fare come gli era stato consigliato. Quindi chiese al consigliere: "Ora abbiamo buone ragioni per convincere Yu del nostro proposito di attaccare Guo, ma ci lascerà passare solo a patto di riceverne un congruo beneficio. Come possiamo ingannare il duca di Yu?".

Xun Xi rispose: "Si muoverà solo ricevendo doni di estremo valore. Perché, dunque, non offrirgli splendidi destrieri e meravigliose giade?".

"Ma sono le cose più preziose che possiedo!", rispose il duca riluttante.

"Non sono sorpreso della tua risposta, ma devi approfittare del fatto che Guo è senza aiuto, per attaccarlo. Una volta sconfitto, nemmeno Yu potrà resisterti. Pertanto, considera che stai semplicemente inviando le tue giade in un'altra tua residenza e i cavalli in un'altra tua stalla".

L'incarico di recare i preziosi doni fu affidato allo stesso Xun Xi, che riuscì a ottenere dal duca di Yu il permesso per far passare le truppe sul suo territorio, promettendogli le ulteriori ricchezze che sarebbero risultate dalla divisione del bottino di guerra. Lo sciocco duca accettò e, una volta sconfitto Guo, ricevette ignaro la sua parte di prede.

Tre anni dopo, desideroso di sottomettere definitivamente Guo, il duca di Jin chiese nuovamente la possibilità di passare sul territorio al duca di

Yu. Questi, attratto dal miraggio di altro bottino, nonostante il parere contrario dei suoi consiglieri, accettò. Dopo un'ultima, sanguinosa battaglia, lo Stato feudale di Guo cessò di esistere.

Sulla via del ritorno, le truppe di Jin si fermarono nella capitale dello Stato di Yu ma, quando il reggente si fece loro incontro per accoglierle, la devastazione ebbe inizio. Colti di sorpresa, gli uomini di Yu opposero una resistenza assai scarsa, e il duca venne fatto prigioniero e condotto alla corte di Jin, insieme ai cavalli e alle preziosissime giade. Tuttavia, il duca di Jin non volle condannarlo a morte, anzi, lasciò che Yu mantenesse il suo culto ancestrale e fece un uso assai misurato della sua autorità.

Questa strategia è stata adottata anche nell'ultimo secolo dalla Cina, tradizionalmente incline a separare le relazioni diplomatiche con gli altri Stati da quelle del Partito comunista cinese con i Partiti comunisti di quegli stessi Paesi. In tal modo, ha mantenuto per molti anni rapporti diplomatici con vari governi, nello stesso tempo sostenendo le organizzazioni che intendevano rovesciarli, come nel caso dell'Indonesia e della Malesia.

Poco dopo la Seconda guerra mondiale, la Cina decise di sostenere la causa della Corea del Nord contro i sud-coreani e gli americani che li aiutavano, e lo stesso fece con il Vietnam del Nord e con i Khmer rossi della Cambogia. Tutti questi interventi costarono ai cinesi enormi perdite in termini di vite umane, ma assicurarono loro un accesso strategico e una maggiore influenza in Paesi vicini alle loro frontiere.

STRATAGEMMI PER GUADAGNARE TERRENO

Inganno e raggiro sono le parole chiave di questa sezione. Gli stratagemmi mirano a dare un'impressione non corrispondente al vero sulle forze in campo, sia proprie che del nemico, per ottenere ciò che al momento è controllato dagli altri, secondo l'espressione cinese "Inghiottire come una balena e rosicchiare come un baco da seta". Pertanto, essi utilizzano tecniche diversive e di sostituzione, false rappresentazioni e istigazione al tradimento.

STRATAGEMMA 25

偷梁换柱

Tou liang huan zhu

Sostituire travi e colonne con materiale di scarto

*Si cerca di interessare alla propria causa individui validi tra le file alleate, convincendoli a collaborare. L'esagramma n. 64, l'ultimo dell'*I:Ching*, mostra Li (il fuoco) sopra e Kkann (l'acqua) sotto, a rappresentare un momento di transizione in cui tutto tende al cambiamento. La linea yang al secondo posto assomiglia a una ruota frenata che non può girare facilmente. Per questo il commento recita: "Egli frena le sue ruote. Perseveranza reca salute". A una persona forte che si trova in situazione sfavorevole viene qui consigliato di procedere con lentezza e cautela, attendendo il momento propizio per agire. In ambito bellico, le truppe nemiche possono essere paragonate a un carro e gli assi principali del suo schieramento alle ruote. Bloccando le ruote, si pone il carro nell'impossibilità di procedere. Intralciandone i ranghi, un avversario può essere gettato nello scompiglio e vinto facilmente.*

Sostituite la debolezza alla forza del nemico. Sun Zu scrisse: "L'avanzata inarrestabile si getta nei varchi del nemico. La ritirata inafferrabile è data dalla massima velocità".

Uno dei modi per creare "varchi" consiste nell'indebolire l'avversario senza che se ne accorga, ad esempio infiltrando agenti scelti che assumano ruoli chiave nei suoi ranghi. Tuttavia, è più economico e meno rischioso fare in modo che i suoi elementi migliori restino inascoltati, una strategia spesso usata dai nazisti i quali, per mezzo di informazioni false e corrispondenza contraffatta fecero credere alla paranoica amministrazione russa che i generali più capaci fossero dei traditori, ottenendo l'esecuzione di questi ultimi e la sostituzione con elementi incapaci, che avrebbero inconsapevolmente favorito i piani tedeschi. Sempre secondo Sun Zu, "l'attacco migliore è quello che non fa capire dove difendersi; la difesa migliore è quella che non fa capire dove attaccare". Nelle arti marziali di combattimento, se l'attaccante è bravo nei calci, bisogna bloccarlo e costringerlo a usare i pugni, cogliendolo di sorpresa e facendogli perdere il suo vantaggio.

> L'uomo dipende dalla sua gola per respirare e mantenersi vivo. Quando viene strangolato, i cinque organi di senso non potranno più funzionare normalmente. Non riuscirà ad allungare gli arti, che diverranno torpidi finendo per paralizzarsi. È raro che un uomo sopravviva in queste condizioni. Pertanto, quando vedi le bandiere del nemico e odi il suono dei suoi tamburi, accerta innanzi tutto la posizione della sua gola e della sua spina dorsale, per poi attaccarlo alle spalle e strangolarlo. È una eccellente strategia per annientarlo[49].

In un senso più ampio, lo stratagemma allude a varie tattiche di sostituzione tese a raggiungere gli scopi prefissati. Negli anni Sessanta, il Giappone si trovò nell'impossibilità di sfidare il mercato internazionale nel settore tessile, a causa di una tassazione eccessivamente onerosa. Le aziende allora trasferirono la produzione in altre aree geografiche del Pacifico, in Paesi con una minore pressione fiscale, e destinarono gli impianti originari allo sviluppo e alla produzione elettronica: questo espediente rese l'economia nipponica più competitiva e la lanciò sul più avanzato mercato dei componenti elettronici.

[49] *Bing Lei* ("I fondamenti della guerra"), cap. XXXII.

Non si può certo dire, però, che l'Occidente, dal canto suo, si sia dimostrato ignaro di questa tecnica, anzi la utilizzò più volte nei confronti degli stessi orientali, spesso nel tentativo di minarne la tradizione e la cultura per sostituirle con usi e costumi generalmente dettati anch'essi dal "mercato". Già nel 1906, Okakura Kakuzo, nel suo *Libro del tè*[50], denunciava il tentativo da parte dei giovani asiatici di uniformarsi ai costumi europei ("si affollano nelle università occidentali per darsi una educazione moderna. Non siamo ancora riusciti a penetrare a fondo la vostra cultura, ma comunque cominciamo a studiarla") per meglio comprenderli, tentativo che si scontrava però con un atteggiamento della controparte "poco favorevole a una reale comprensione dell'Oriente". E in effetti, come si era comportato l'Occidente (tranne pochissimi esempi di autentici estimatori della cultura orientale) davanti a questa mano tesa? Pescando senza scrupoli nelle risorse favolose che da secoli attiravano le brame dei viaggiatori che giungevano da ovest, e che in un ben determinato periodo storico arrivarono anche a influenzare pesantemente l'andamento dei mercati e della storia del mondo. infatti, Kakuzo aggiunge:

> (...) vorrei ricordare l'importanza che il reddito ricavato dalle imposte sul tè ha avuto nella storia mondiale. L'America sopportò l'oppressione coloniale fino a quando (...) non insorse contro le pesanti tasse che gravavano sul commercio del tè. L'indipendenza degli Stati Uniti d'America cominciò il giorno della distruzione delle casse di tè avvenuta nel porto di Boston[51].

Tuttavia, in base a quanto precede si può sicuramente trarre un insegnamento positivo da questo stratagemma: nei rapporti interpersonali (privati o professionali) è opportuno talvolta occupare settori rimasti "scoperti" da altri, assumendosi rischi o incombenze rifiutati da qualcuno, eseguendo spontaneamente compiti o incarichi che siano di vantaggio per tutti, in una parola rendendosi indispensabili e migliorando così il proprio status e, non da ultimo, le prospettive future.

[50] Okakura Kakuzo, *Il libro del tè*, SugarCo Edizioni, Milano, 1985, p. 20.
[51] *Ivi*, p. 23.

Lo stratagemma nella storia

Fu Jian, secondo imperatore della dinastia Qin fondata nel 351 d.C., riuscì, mediante una fortunata serie di vittorie militari, a pacificare gran parte del nord della Cina. Nonostante la promessa fatta al suo più fidato consigliere, che dal letto di morte lo aveva esortato a non attraversare mai il fiume Yangtze, nel 382 riunì i suoi ministri per annunciare la decisione di attaccare il regno Jin orientale. Affermò in quella occasione di aver calcolato il numero dei suoi soldati, che ammontavano a quasi un milione, e di voler guidare egli stesso la spedizione, e chiese ai consiglieri un parere. Questi si dichiararono contrari all'unanimità, adducendo ragioni più che fondate: benché i Jin fossero deboli e corrotti, non avevano fatto nulla per alienarsi il sostegno popolare. Inoltre, avevano a loro favore la barriera naturale dello Yangtze e un fidatissimo ministro, il celebre Xie An. Udendo queste giustificazioni, Fu Jian congedò con malagrazia tutti i consiglieri, per poi rivolgersi al fratello Fu Rong. "La confusione di corte non serve la nostra causa", disse. "Dall'inizio dei tempi, ogni grande causa è stata sostenuta da una o due nobili figure. Organizziamo dunque da soli questa impresa".

Fu Rong replicò: "Abbiamo tre problemi da considerare, se vogliamo attaccare Jin. Primo, il cielo non ci è favorevole. Secondo, i nostri nemici non sono travagliati da lotte interne. Terzo, le nostre truppe sono esaurite dalle molte battaglie e il popolo non vuole un'altra guerra. Coloro che si sono dichiarati contrari ai tuoi propositi sono saggi e onesti: io ti prego di ascoltarli".

"Anche tu!", tuonò l'imperatore. "Non vi è dunque nessuno che voglia aiutarmi in questa impresa? Non vedo ragione per non sottomettere ribelli che, con l'andar del tempo, costituirebbero una minaccia costante alle mie frontiere. E come potrebbe il cielo non aiutarmi a sottomettere un regime sull'orlo della rovina?".

Fu Rong continuò: "I Jin non possono essere soggiogati, neppure da una spedizione consistente come quella che vuoi organizzare. Inoltre, non tutti i popoli che hai sottomesso nutrono sentimenti amichevoli nei tuoi confronti. Se lasci qui il principe ereditario con pochi uomini, temo una ribellione nelle nostre stesse terre. E poi, non ricordi che ti è stato consigliato di non attraversare mai lo Yangtze?".

"Tutte storie!", tagliò corto Fu Jian. "Considerando la debolezza interna degli Stati di Jin e di Qwin, la nostra spedizione sarà come il vento d'autunno che spazza vie le foglie cadute".

Un generale di nome Murong Cui, che aveva udito la conversazione, dimostrò un insolito entusiasmo per l'impresa del suo signore, affermando: "Il debole sarà divorato dal forte, e il piccolo dal grande. Così vanno le cose sotto il cielo. Tu, mio signore, hai portato la pace ai quattro angoli del mondo. Come puoi lasciare ai tuoi discendenti il compito di conquistare il regno di Jin? Secondo gli antichi saggi, troppi consigli non portano una buona strategia; quindi, perché chiedere le opinioni dei cortigiani? Tu hai il potere di decidere da solo cosa fare".

L'imperatore, compiaciuto, colmò di doni Murong Cui, senza sospettare che il generale avesse un secondo fine.

Nell'estate del 383, la spedizione ebbe inizio. Fu Jian suddivise il suo enorme esercito in varie unità agli ordini di generali diversi: essi avrebbero seguito percorsi differenti, per poi riunirsi una volta penetrati profondamente in territorio nemico.

L'imperatore Jin organizzò la difesa del suo popolo, affidata a meno di novantamila uomini. Il suo popolo, sapendo che il rapporto tra gli invasori e i loro soldati era di dieci a uno, era pieno di apprensione e paura. Quando il generale Xie Xuan si recò da Xie An, il primo ministro, per chiedere consiglio sulla strategia difensiva da adottare, questi si mostrò calmo e tranquillo, come se nulla stesse accadendo, e invitò il generale a un'escursione tra le montagne, che doveva partire dalla sua residenza di campagna. Pur essendo un escursionista molto più esperto del primo ministro, nondimeno Xie Xuan non riuscì a sopravanzarlo di un passo. Dopo la passeggiata, Xie An uscì di nuovo dalla sua casa per esplorare i dintorni e non fece ritorno che a tarda notte. Questo suo atteggiamento ebbe l'effetto di calmare l'ansia popolare, anche se non pochi erano coloro che ritenevano troppo superficiale il suo atteggiamento.

Gli eserciti Qin sottomisero una città dopo l'altra, con l'ordine di ricongiungersi nella città caduta di Shouyang. Da qui, il generale Lian Cheng aveva guidato cinquantamila uomini al guado di Luojian, facendovi erigere palizzate per bloccare la navigazione sul fiume Huaihe. Le truppe Jin, ferme a venticinque *li* dal guado del fiume, non osando avanzare per la preponderanza numerica del nemico, mandarono a chiedere rinforzi, ma il loro messaggio venne intercettato dallo stesso Fu Rong, che si recò esultante alla presenza dell'imperatore Fu Jian. "I nemici sono pochi e possono essere battuti facilmente", disse. "Il problema è impedire che ci sfuggano. Dobbiamo attaccarli prima possibile, senza attendere l'arrivo degli altri". Poi intimò la resa al generale Xie Shi, comandante in capo dell'esercito di Jin. Il suo inviato, un generale vinto ma rimasto fedele al suo signore, invece di chiedere a Xie Shi di arrendersi, descrisse la consistenza dell'esercito invasore, aggiungendo: "Quando il milione di uomini sarà al completo, non avrete nessuna possibilità di respingerlo. Dovete attaccare adesso: una vostra vittoria avrà notevoli effetti sul morale degli uomini, effetti positivi per voi e negativi per loro".

Un giovane ufficiale al comando di cinquemila guerrieri decisi a tutto ricevette l'ordine di avanzare. Il generale Lien Cheng aveva allineato i suoi uomini sulla riva del fiume per bloccare i nemici, ma questi ultimi caricarono a testa bassa, infliggendo pesantissime perdite ai ranghi avversari. Allora, tutte le truppe Jin avanzarono a passo lento e misurato. Fu Rong e Fu Jian osservarono dall'alto delle mura di Shouyang l'avanzata nemica, sbalorditi nell'osservare formazioni tanto ordinate che marciavano a passo regolare. Fu Jian cominciò a sospettare che il nemico avesse altre migliaia di uomini nascosti dietro piante e alberi, dall'altra parte del fiume. Si volse verso il fratello ed esclamò: "Di certo, questo è un nemico formidabile. E dire che secondo qualcuno i Jin sono piccoli e deboli!". Per la prima volta, ebbe paura.

Dopo la sconfitta di Luojian, le truppe Qin si erano fatte caute. Assunsero uno schieramento difensivo sulla riva occidentale del fiume Feishui, in modo da impedire l'attraversamento ai nemici.

Il generale Xie Xuan inviò un messaggio a Fu Rong, che diceva: "Avete percorso molte centinaia di *li* per arrivare sulla nostra terra, ma ora il vostro schieramento ci impedisce di guadare il fiume. In tal modo, combatteremo a lungo e non sarà possibile giungere a una soluzione rapida. Non sarebbe meglio per voi arretrare un poco, così da consentire alle nostre truppe l'attraversamento per poi combattere una battaglia decisiva?".

Nonostante il parere contrario dei suoi ufficiali, Fu Jian decise di accettare, dichiarando: "Arretreremo pochissimo, e attaccheremo con la cavalleria quando saranno in mezzo al fiume. In questo modo otterremo una vittoria certa". Fu Rong si dichiarò d'accordo.

Di certo, Fu Jian aveva un'alta opinione del morale e della disciplina delle sue truppe ma, non appena venne dato il segnale di ritirata, gli uomini arretrarono con tanta fretta che le formazioni caddero in preda al caos. In quel momento, un uomo nelle retrovie, amico di quel Murong Cui che con tanta foga aveva accettato il piano di invasione dell'imperatore, gridò: "L'esercito di Qin è perduto!". Ne seguì uno scompiglio tale che lo stesso Fu Rong rimase ucciso sotto gli zoccoli dei cavalli.

I generali nemici, nel frattempo, avanzavano a spron battuto dall'altra riva del fiume per caricare e sbaragliare le disordinate truppe in fuga. Fu

Jian rimase ferito, ma riuscì a riparare a Luoyang, dove raccolse ciò che restava del suo esercito, circa centomila uomini. L'ignominiosa sconfitta segnò la fine del suo regno: l'anno seguente, sarebbe stato assassinato dalle sue stesse coorti.

STRATAGEMMA 26

指桑罵槐

Zhi sang ma huai

Additare il gelso per maledire la sofora

*Per comunicare il proprio punto di vista evitando il confronto, si può criticare in modo indiretto. Il forte può usare la punizione per sottomettere il debole. "Il forte è centrale e trova corrispondente appoggio. Si fanno cose pericolose, ma si incontra dedizione": questa frase è tratta dalla sentenza dell'esagramma n. 7 dell'*I:Ching*, vale a dire Scï, l'Esercito. Esso mostra il simbolo Tui (acqua, pericolo) sotto Kkunn (terra, il mite). Come l'acqua si raccoglie nella terra, così tra gli obbedienti contadini si nascondono soldati che, in caso di guerra, formeranno un esercito. La linea yang al secondo posto rappresenta il generale che ha ricevuto dal sovrano la suprema autorità necessaria a portare a termine il suo compito. Dal momento che si trova in un posto (il secondo) che non è troppo debole, né troppo forte, il generale si condurrà con adeguata severità, ottenendo il successo anche in imprese rischiose.*

Questa espressione è analoga a un'altra, sempre di origine cinese, che recita: "Uccidi la gallina per spaventare la scimmia". Quest'ultima è molto più difficile da uccidere, ma sarà spaventata dall'idea di forza data dall'uccisione della gallina.

Un comandante militare può spaventare due tipi di persone al fine di soggiogarle: le proprie truppe, oppure individui al potere sui quali, però, per essere certo di ottenere il suo scopo, deve avere un vantaggio. Molti degli imperi formatisi nel corso dei secoli all'interno della Cina utilizzarono questa strategia, eliminando parte degli Stati loro rivali, ma non tutti, sia perché animati dalla prospettiva di future alleanze, sia perché impossibilitati a combattere più nemici insieme.

La strategia allude anche al caso in cui si punisce un subalterno resosi irriverente in virtù di amicizie influenti, al fine di rafforzare la disciplina.

> Quando si troveranno di fronte il nemico, i nostri soldati avanzeranno e non oseranno ritirarsi se avranno più paura di te che del nemico stesso. Se osano arretrare e non avanzano, ciò significa che temono il nemico più di te. Autorità e rigore faranno sì che i tuoi soldati attraversino l'acqua e il fuoco senza osare disobbedire. Ciò in base al principio: "Quando la severità supera la sollecitudine, la vittoria è certa"[52].

> Si vince quando i soldati temono il nemico più del comandante. Si perde quando i soldati temono il comandante più del nemico. Per predire la vittoria o la sconfitta, metti sui due piatti della bilancia il timore del comandante e la paura del nemico[53].

Spesso, rendere noti a un avversario i suoi errori strategici e minacciare di approfittarne rappresenta un sistema per vincere. Fare in modo che l'avversario sia certo di subire gravi perdite; nel caso intenda attaccarvi, ciò può funzionare solo se non ci si limita unicamente a vaghe minacce, ma si segnalano con precisione gli svantaggi che l'altra parte sicuramente subirà.

Dal punto di vista dell'economia, è ciò che accade quando chi è titolare di un marchio registrato denuncia i gestori di esercizi che, pur pubblicizzando quella determinata marca sulla loro insegna, vendono all'interno articoli analoghi (ad esempio, bibite), ma prodotti da altre case e

[52] *Bai Zhan Qi Fa*, cit., "Battaglia di severità".

[53] *Wei Liao Zi*, cit., cap. XXIII.

di qualità inferiore. In tal modo le case produttrici si propongono di scoraggiare altre possibili violazioni dei loro diritti. Un esempio assai noto in America e nel nord dell'Europa è quello della catena McDonald che, una quindicina di anni fa, nel periodo in cui stava aprendo decine di fast food in tutte le capitali del Vecchio Continente, cominciò a far scrivere dai suoi avvocati lettere e ingiunzioni per ottenere la chiusura di tutti gli esercizi di ristorazione che portassero il nome McDonald, che magari corrispondeva a quello del proprietario del locale. Va detto, però, che almeno in un caso la strategia si ritorse contro il colosso americano, per opera nientemeno che del capo del clan scozzese McDonald, il quale aprì un finto ristorante solo per notificare alla direzione della catena americana che avrebbe magnanimamente evitato di perseguire legalmente gli americani per l'uso non consentito del suo nome (e la precedenza del suo diritto, ovviamente, era facilmente verificabile attraverso intere generazioni del clan); inoltre, informava McDonald e tutti gli altri che lo stemma della sua famiglia si fregiava di due globi d'oro (l'insegna della catena di fast food mostra, come è noto, due archi dorati in campo rosso). Per quanto se ne sa, gli americani non risposero, e non seguì alcuna azione legale.

Lo stratagemma nella storia

Nel 685 a.C., il duca Huan di Qi assunse il potere nel ducato fino ad allora governato dal padre, con l'aiuto del saggio consigliere Baoshu Ya. Egli avrebbe regnato per più di 43 anni, trasformando il suo regno nel più potente degli Stati feudali dell'epoca.

Il duca Huan elargì generosi doni a quanti avevano favorito la sua ascesa. A Baoshu Ya venne offerta la posizione di primo ministro, ma egli rifiutò, affermando: "Io so soltanto seguire i rituali e obbedire alla legge, come tutti i ministri devono fare. Non ho le capacità per guidare uno Stato".

Sorpreso, il duca gli chiese se vi fosse qualcuno, secondo lui, in possesso di quelle capacità. Il consigliere raccomandò il suo vecchio amico Guan Yiwu, un tempo seguace del fratello del duca: durante gli scontri che avevano preceduto l'ascesa al trono di quest'ultimo, aveva perfino tentato di assassinarlo. Il duca rifiutò risolutamente, obiettando: "Ma ha cercato di uccidermi!".

"Questo non significa nulla, poiché allora egli non faceva altro che servire il suo signore. Ma se lo prenderai al tuo servizio, tutte le cose sotto il cielo obbediranno ai tuoi ordini!".

"Bene", rispose il duca. "Lo manderò a chiamare e scoprirò da solo se vale le tue lodi". Baoshu Ya scosse la testa.

"Nello Stato, il primo ministro è secondo solo al duca, e tu non puoi macchiare la tua reputazione trattando con simile insolenza il tuo primo ministro. Scegli invece un giorno fausto per accoglierlo nella tua corte, e lo conquisterai per sempre. Per di più, trattando con grande rispetto una persona che ti ha offeso in passato, tutti ammireranno la tua magnanimità, e persone dai meriti straordinari arriveranno qui come fiumi che si gettano nell'oceano!".

Seguendo il suo consiglio, il duca nominò Guan Yiwu primo ministro, e trovò le sue parole così illuminanti che rimase a parlare con lui per tre giorni e tre notti senza interruzione, ricevendo preziosi consigli su come migliorare la stabilità interna, aumentare la ricchezza del ducato, rafforzare il potere militare e ottenere la supremazia tra gli Stati vassalli. Più di tutto, gli piacque la risposta che ricevette quando gli chiese: "Io amo la caccia e le donne. Come possono questi miei piaceri ostacolare il mio potere?".

"Non lo ostacoleranno affatto", affermò Guan Yiwu. "Ti troverai in pericolo solo se non saprai riconoscere una persona capace, oppure se, riconoscendola, non saprai farne buon uso, o ancora se, mettendo a buon frutto le sue capacità, non seguirai i suoi consigli".

Nella primavera del 681 a.C., il duca Huan annunciò la sua intenzione di stringere con gli altri Stati un'alleanza che avrebbe personalmente guidato. Guan Yiwu affermò: "Gli Stati più forti di Qi sono tre: Chu a sud, Qin e Jin a ovest. Ciascuno di essi controlla una zona molto vasta, ma nella loro ignoranza tutti mancano di rispetto al re di Zhou, e quindi nessuno riesce ad acquisire il pieno dominio. Ora, tu sai che lo Stato di Song è appena uscito da un periodo di tumulti interni, e il nuovo duca non è stato ancora ufficialmente insediato. Potresti pertanto inviare un messo alla corte di Zhou e chiedere al re di convocare una riunione dei vassalli per insediare il duca. In tal modo, dimostrerai il tuo legame con il re e potrai dare ordini in suo nome, condurre regolarmente gli altri a rendergli omaggio e punire chiunque osi disobbedirgli. Tutti coloro che governano un regno saranno costretti a riconoscere il tuo prestigio, e tu diventerai il signore supremo senza ricorrere alle armi".

Il duca seguì il saggio consiglio, e il re fu fin troppo felice che il ducato di Qi dimostrasse la sua lealtà con una tale iniziativa. Per l'occasione fu costruita una grande piattaforma e, per dimostrare la propria buona fede, il duca non condusse nemmeno un carro da guerra all'incontro.

Tuttavia, si presentarono solo quattro degli otto vassalli attesi. Il duca, deluso, voleva mandare all'aria tutto, ma Guan Yiwu disse: "Secondo l'antica massima, tre persone fanno una folla. Quattro Stati presenti possono bastare. Dichiarando nulla la riunione, non faresti altro che distruggere la tua reputazione". Pertanto, la cerimonia ebbe inizio e il duca di Qi venne posto a capo dell'alleanza.

Alla fine, Guan Yiwu dichiarò che gli Stati assenti, avendo disobbedito a un ordine reale, dovevano essere puniti. Huan chiese aiuto ai nuovi alleati, e tre di essi accettarono di inviare rinforzi, ma il nuovo duca di Song rimase in silenzio, temendo le conseguenze dell'impresa. Più tardi, il suo consigliere confermò i suoi dubbi, affermando: "Quattro Stati non hanno partecipato all'incontro, pertanto il duca Huan non è riuscito nel suo intento. Tra gli Stati presenti, Song è il più grande. Se tu non dai il tuo consenso, gli altri tre ti seguiranno, e il piano di Qi non funzionerà. Inoltre, tu hai appena ricevuto la tua nomina formale da parte del re. Hai realizzato i tuoi propositi, cosa vuoi di più?". Quella stessa notte, il duca di Song salì sul suo carro e partì in segreto.

Scoperta la fuga, il duca Huan divenne furioso e voleva inseguirlo, ma Guan Yiwu lo richiamò ad affari più urgenti: se voleva giungere alla sottomissione di Song, doveva prima costringere all'obbedienza il più piccolo Stato di Lu, ai confini di Song. Sarebbe bastato un piccolo contingente di soldati e un solo giorno, dopo di che, trovandosi isolato, il duca di Song avrebbe potuto essere controllato più facilmente.

Il duca di Lu, vistosi circondato dalle truppe di Qi, non volendo offendere l'avversario assai più potente, inviò una lettera al duca Huan spiegando che un'improvvisa indisposizione gli aveva impedito di partecipare al convegno con il re. Chiedeva altresì il ritiro delle truppe e un incontro con il duca Huan.

Ben presto anche gli altri Stati inviarono lettere di scuse al duca di Qi, e lo Stato di Song, come Guan Yiwu aveva predetto, si ritrovò isolato e attaccato dalle truppe dell'alleanza, su ordine del re.

Giunti alle frontiere di Song, uno dei ministri, di nome Ning Qi, chiese di vedere il duca: riteneva che fosse meglio soggiogare Song con la virtù, piuttosto che con la forza, e pertanto chiese un piccolo carro e pochi attendenti per andare a parlare con il signore di Song. Huan, apprezzando l'idea, accettò.

Appena seppe del suo arrivo, il duca di Song si rivolse al proprio consigliere: "Chi è questo Ning Qi? Non ne ho mai sentito parlare". "È uno che solo di recente ha ricevuto una posizione alla corte di Qi. Prima era un semplice pastore". Il duca tentò di umiliare il nuovo arrivato, non rispondendo al suo saluto.

Ning Qi scosse la testa e sospirò. "Quale grande pericolo minaccia Song!".

Il duca, furioso, replicò: "Io godo del titolo più prestigioso tra i vassalli. Come osi parlare a me di pericolo?".

"Vorresti forse paragonarti al duca di Zhou?[54]".

"Il duca di Zhou era un santo. Non oso certamente pormi al suo livello".

"Egli viveva in un'epoca gloriosa. Tutto ciò che esiste sotto il cielo viveva in pace, e perfino i barbari rendevano omaggio al re. Eppure, questo duca era così timoroso di perdere un uomo capace o un suggerimento utile che, se qualcuno si recava a trovarlo mentre stava mangiando, lasciava la sua mensa per affrettarsi a riceverlo. Tu, al contrario, vivi in un'epoca travagliata, in cui tutti lottano per il potere, eppure tratti i tuoi ospiti con arroganza e irriverenza. E sostieni di non essere in pericolo?".

Il duca, comprendendo la levatura dell'uomo che aveva di fronte, lasciò il trono e si scusò: aveva da poco assunto la sua posizione e non aveva mai goduto di consigli veramente saggi. Chiese all'inviato cosa fare.

"Il re di Zhou sta cercando di evitare il caos, e per questo ha ordinato al duca Huan di istituire un'alleanza tra Stati. Tu, però, hai lasciato la riunione senza avvertire nessuno, e questo ha fatto infuriare il re. Se resisti con la forza, l'esito dello scontro sarà fin troppo ovvio".

"Ho commesso un grave errore", ammise il duca di Song. "Come posso rimediare?".

"Il tuo umile servo ti consiglia di mandare un inviato con semplici doni al duca di Qi per chiedergli di entrare nell'alleanza. Huan non è uomo da serbare rancore, e accetterà. In tal modo, avrai liberato il tuo regno dal pericolo senza combattere".

Fu così che il duca Huan venne annoverato negli annali come uno dei cinque "signori supremi" nel periodo della Primavera e dell'Autunno.

[54] Il duca di Zhou, abile statista del periodo iniziale della dinastia omonima, era tenuto in grande considerazione da Confucio.

STRATAGEMMA 27

假
痴
不
癫

Jia chi bu dian

Fingersi stolti rimanendo lucidi

*Ci si può fingere stupidi e ignoranti, evitando però di sembrare pazzi. È preferibile fingere ignoranza e rimanere fermi, piuttosto che fingere saggezza e fare mosse avventate. Rimanere fermi e nascondere le proprie intenzioni: nuvole e tuono sono il simbolo di Ciunn, la Difficoltà iniziale, l'esagramma n. 3 dell'*I:Ching*, composto da Kkann (pericolo, acqua), sotto Cenn (tuono, moto). Esso ha il significato di tensione e difficoltà, e allude al momento in cui nubi e tuoni si raccolgono nel cielo, in preparazione della pioggia che tornerà, una volta passata, a schiarire il cielo. Un inizio difficile e caotico porta infine miglioramento e ordine, ma questo esagramma indica un momento inopportuno per intraprendere azioni.*

Di solito, un capo militare tende ad agire secondo la massima di Sun Zu: "All'inizio, sii timido come una fanciulla, e ti si apriranno le porte; poi, agisci rapidamente come una lepre appena liberata, e nessuno ti terrà dietro". Quando non si è pronti a muoversi e a combattere, bisogna fingersi sciocchi, evitando altresì di spiegare gli ordini ai propri sottoposti.

Nelle operazioni militari, l'esercito deve preferire l'immobilità al movimento, perché quando è fermo non rivela la sua consistenza, mentre quando si muove quest'ultima non può essere nascosta. Se un movimento avventato porta a rivelare la forza dell'esercito, questo cadrà facilmente preda del nemico. Il movimento fa cadere la tigre e il leopardo in trappola, il cervo nella tagliola, gli uccelli e i pesci nella rete. Tutti questi animali cadono preda dell'uomo a causa del movimento: ecco perché l'uomo saggio fa tesoro dell'immobilità. Rimanendo fermo, scoraggia la temerarietà e controlla un nemico temerario il quale, esponendosi, verrà sottomesso[55].

Mantenersi sereno e impassibile, imparziale e sicuro di sé, è un dovere per il generale.
Lascia ufficiali e truppa all'oscuro dei piani che hai in mente.
Commento di Z'ao Z'ao: "Le sue truppe possono unirsi a lui per rallegrarsi del successo, ma non devono unirsi a lui per approntare i piani"[56].

L'imperatore Claudio, Ulisse e colui che elaborò il testo più antico dell'*I:Ching* furono uomini che riuscirono tutti a sopravvivere fingendo di essere pazzi o mentalmente instabili. Non è divertente fingersi stupidi, ma è più sicuro che essere considerati intelligenti e perciò pericolosi. E i risultati migliori si potranno ottenere semplicemente tenendo presente che anche la "controparte" potrebbe giocare allo stesso gioco, fingendo una stoltezza in realtà inesistente.

55 *Bing Lei*, cit., cap. IX.

56 Sun Zu, *L'arte della guerra*, cit., cap. XI, p. 135. Cfr. il cap. XXXVI del *Tao-tê-ching*:

Se si vuole restringere, bisogna (innanzi tutto) estendere.
Se si vuole indebolire, bisogna (innanzi tutto) rafforzare.
Se si vuole far perire, bisogna (innanzi tutto) far fiorire.
Se si vuole prender possesso, bisogna (innanzi tutto) offrire.
Questo è ciò che si chiama una visione sottile: il molle e il debole vincono il duro e il forte.

Non trar fuori il pesce dalle sue profondità: gli strumenti utili dello Stato non devono essere mostrati agli uomini.

La guerra alle opinioni altrui va combattuta nella propria mente. Una volta chiaro che vi saranno sempre persone cui non piacete o che hanno di voi una scarsa opinione, sentitevi pure liberi di rispondere solo a Dio e alla vostra integrità morale: in tal modo, non sarete preda di ciò che gli altri pensano di voi. L'esempio fatto a proposito dello stratagemma 25, riguardante un combattimento marziale "a sorpresa" contro un attaccante bravo nei calci, ben si adatta anche a questa strategia, che può funzionare benissimo proprio perché chi si difende può sembrare "pazzo" quando, ritenuto dagli altri incapace di sferrare pugni efficaci (che magari ha allenato per mesi all'insaputa del pubblico), sorprende tutti (a cominciare dal suo avversario) ingaggiando proprio questo tipo di combattimento.

Lo stratagemma nella storia

I nomadi noti con il nome di Xiongnu vivevano in condizioni primitive a nord della moderna Mongolia. I tumulti nella Cina centrale nel periodo degli Stati Combattenti diedero loro modo di espandere la propria influenza e di costituire una minaccia costante per gli Stati che confinavano con il loro territorio.

Dopo la conquista dei sei Stati suoi rivali e l'istituzione di un impero unificato, il primo imperatore di Qin avviò una serie di grandi progetti costruttivi, tra cui il rafforzamento delle difese a nord, oltre il Fiume Giallo, e della fortificazione nota con il nome di Grande Muraglia, opera che ebbe l'effetto di respingere ancora più a nord le popolazioni barbare.

Una dozzina di anni dopo, morto il generale che l'imperatore aveva posto a capo delle difese settentrionali, queste ultime si indebolirono notevolmente e gli Xiongnu ricominciarono a effettuare scorrerie a sud del Fiume Giallo. Il loro capo si chiamava Touman e il suo erede legittimo Modu. Infatuato di una concubina, il primo decise di sbarazzarsi del secondo, per mettere al suo posto il figlio della favorita. Modu, uomo di eccezionale forza e abilità, comprese il pericolo, e decise di correre ai ripari. Creò una compagnia di soldati che obbedivano soltanto a lui, assolutamente leali. Realizzò frecce che fischiavano in volo e le utilizzò per addestrare i suoi a tirare con l'arco a cavallo. Ordinò: "Andate dove fischia la mia freccia. Taglierò personalmente la testa di chi non lo farà!".

All'inizio, si addestrarono durante le battute di caccia: non appena Modu scagliava una freccia contro un uccello o un altro animale, tutte le altre frecce la seguivano, e i ritardatari venivano immediatamente decapitati sul posto. Egli mise alla prova la lealtà degli uomini colpendo uno dei suoi cavalli preferiti: vi fu chi non osò scagliare la sua freccia sul bellissimo animale, e questa esitazione fu punita con la vita. Ciò che Modu voleva era obbedienza assoluta e incondizionata a qualsiasi suo ordine, a prescindere dal merito. In un'altra occasione, tirò sulla sua concubina preferita, e anche stavolta alcuni uomini ebbero timore di seguirlo, e fecero la stessa fine. L'ultima prova fu quella che lo vide colpire uno dei destrieri più amati da suo padre: tutti gli uomini, all'istante, trafissero l'animale. Solo allora Modu fu certo di poter contare su di loro in qualsiasi circostanza.

La sua opportunità giunse quando accompagnò suo padre in una battuta di caccia. All'improvviso, diresse una delle sue frecce fischianti su Touman, che fu colpito all'istante da un nugolo di altre frecce. Poi Modu uccise la madre adottiva, il fratello più giovane e tutti gli ufficiali che rifiutarono di sottostare ai suoi ordini, autonominandosi capo della tribù degli Xiongnu.

A est, la nazione barbara Donghu stava diventando molto potente. Il re, venuto a conoscenza della fama di Modu, decise di metterlo alla prova e gli chiese in dono un cavallo bellissimo, che aveva fama di percorrere un migliaio di *li* in un solo giorno. Nonostante il parere contrario dei suoi consiglieri, Modu accettò, chiedendo: "Come può un cavallo, per quanto prezioso, essere messo sullo stesso piano di un buon rapporto con il nostro vicino?", e ordinò di condurre l'animale al re, che per questo lo giudicò un debole. Poco tempo dopo, mandò un altro inviato a chiedere una delle concubine favorite di Modu. Anche questa volta i suoi ministri, furiosi per la sfrontata richiesta, lo esortarono a non acconsentire, ma Modu non diede loro ascolto, rimanendo imperturbabile e dichiarando in tono calmo: "Come può una donna, per quanto a me cara, essere messa sullo stesso piano di un buon rapporto con il nostro vicino?", e salutò la donna, che venne condotta a Donghu.

Definitivamente convinto della codardia di Modu, il re di Donghu si fece sempre più arrogante e lanciò una serie di attacchi a ovest. Tra le terre dei due Stati si stendeva una zona spopolata vasta più di mille *li*, il deserto di Gobi. Il re mandò a dire a Modu: "Questa terra posta tra i nostri due confini è oltre la vostra portata. Il re desidera prenderne possesso".

Ancora una volta, Modu convocò i suoi consiglieri, alcuni dei quali, prevedendo che il loro capo avrebbe accettato comunque, dichiararono in tono consenziente: "È solo un deserto. Che importanza può avere lasciarlo nelle loro mani?". Modu, udendo questa affermazione, eruppe in un accesso di incontrollabile rabbia. "La terra è la base della nostra nazione", ruggì. "Come possiamo lasciarla ai barbari dell'est?". E fece decapitare chi aveva osato proferire quelle parole.

Si lanciò poi in una improvvisa quanto rapida campagna contro il popolo nemico che, colto di sorpresa e impreparato, dovette soccombere alle ben addestrate e disciplinate truppe degli Xiongnu, che riportarono in patria un ingentissimo bottino. Così rafforzati, gli Xiongnu si spinsero a ovest e sottomisero un altro popolo barbaro, dopo di che Modu, al comando di trecentomila esperti arcieri a cavallo, si volse a sud e attraversò il Fiume Giallo, per riprendersi le terre tolte alla sua nazione dai cinesi. Liu Bang, fondatore della dinastia Han, guidò personalmente una spedizione contro gli invasori. Era inverno e nevicava: su ogni dieci soldati cinesi, due o tre ebbero le dita congelate dal freddo intenso. Modu, fingendo di ritirarsi a nord, nascose i suoi uomini migliori e lasciò i più vecchi e deboli alla mercé delle truppe cinesi, che così si spinsero ancora più a nord, solo per ritrovarsi circondati dalle preponderanti forze a cavallo degli Xiongnu. Liu Bang, nell'incapacità di rompere l'accerchiamento, rimase per sette giorni con i suoi uomini a soffrire il freddo e la fame, poi inviò un messaggio segreto alla moglie di Modu per chiederne l'aiuto. "Anche se riesci a riottenere il possesso delle terre Han", ella disse, "non sarai in grado di governare un'estensione così vasta. Quindi, che senso ha combattere?". Modu si lasciò convincere, poiché in cuor suo nutriva già dei dubbi sull'opportunità di quella guerra. Ordinò di lasciare un passaggio per far uscire Liu Bang e i suoi uomini, che poterono così raggiungere il grosso dell'esercito Han. Per decine di anni dopo quella ignominiosa sconfitta, la corte Han fu costretta a intrattenere con gli Xiongnu relazioni pacifiche pagate a caro prezzo con oro, sete preziose e, di tanto in tanto, qualche principessa imperiale.

STRATAGEMMA 28

上
屋
抽
梯

Shang wu chou ti

Farli salire sul tetto e portar via la scala

Si possono portare gli avversari fino a un punto di non ritorno illudendoli con apparenti vantaggi e opportunità, attirandoli, tagliando loro i rifornimenti e poi ponendoli in una impasse.

*Il riferimento è all'esagramma n. 21 dell'*I:Ching, *Scï Ho, il Morso che spezza, il cui significato è spiegato dalla stessa forma del segno: due mascelle rappresentate dalla riga superiore e dalla inferiore, tra le quali si trova al quarto posto un ostacolo, che dev'essere eliminato dal morso. Pertanto, l'esagramma indica una difficile opera attraverso le difficoltà per raggiungere il proprio obiettivo. La terza riga, yin in un posto yang che non le compete, rappresenta una persona che manca della forza necessaria a imbarcarsi in un'ardua impresa e che può pertanto trovarsi in pericolo, anche se la perseveranza recherà successo. Ecco perché il commento osserva: "Morde in carne secca e gli capita un boccone velenoso. Piccolo svergognamento. Nessuna macchia".*

Create un'apertura in un luogo pericoloso e fate in modo di intrappolarvi il vostro avversario. Sun Zu consiglia di far credere al nemico di attaccare le vostre posizioni più deboli e, quando è pienamente impegnato nell'azione, lanciare le vostre forze sugli altri fronti, così da chiuderlo da tutti i lati. La "scala" allude ai mezzi da usare per intrappolare il nemico: può trattarsi di un gesto di debolezza, se il comandante nemico è arrogante, di una prospettiva di guadagno, se è avido, o di sconfitte reiterate, se si mostra esitante. Un comandante che comprende questa strategia riuscirà a vincere un nemico potente, anche se ha ai suoi ordini forze inferiori. Al contrario, se si troverà ad assediare nemici più deboli, lascerà una breccia aperta per evitare che questi combattano fino alla morte.

> Porta i tuoi uomini su posizioni senza via d'uscita, e vedranno la morte: pronti a morire, che cosa non riusciranno a fare? È nelle situazioni disperate che ufficiali e soldati dimenticano la paura e danno il meglio di sé. Senza vie di fuga, difendono il terreno con i denti. Impegnati a fondo, si battono a fondo. Senza alternative, lottano fino all'estremo[57].

Nel nostro quotidiano, si può far sì che un antagonista riveli troppo davanti ad altri, oppure convincere una persona che ama vantarsi a fare affermazioni che non potrà più rimangiarsi o a fare qualcosa che torni a nostro vantaggio: sono tutte applicazioni di questo stratagemma, da sfruttare quando si ha a che fare con persone ipersensibili e dal temperamento collerico, in genere inclini a parlare troppo. In questi casi, il comportamento più vantaggioso prevede pazienza e calma all'inizio della "manovra", seguite da fermezza e incrollabile risolutezza alla fine.

L'efficacia dello stratagemma risiede nella sua inesorabilità. Togliendo la scala, generiamo una situazione le cui conseguenze, però, possono sfuggire in ogni momento al nostro controllo; occorre quindi estrema prudenza, tenendo comunque presente che tali situazioni di crisi possono sì minare il morale di chi le subisce, ma anche stimolare le più grandi innovazioni.

Lo stesso accade nelle arti marziali. Una tecnica di *kempo*, ad esempio, prevede la seguente mossa: se un attaccante vi fa capire le sue intenzioni effettuando lunghi movimenti cadenzati, fate buon uso della distanza con

[57] Sun Zu, *L'arte della guerra*, cit., cap. XI, p. 133.

movimenti elusivi del corpo, mentre lo bloccate con le mani in modo da posizionarvi per un efficace contrattacco[58].

Lo stratagemma nella storia

Xiang Yu era nato a Xiaxiang nella regione di Chu. Aveva uno zio di nome Xiang Liang, figlio di un famoso generale Chu morto in battaglia contro gli invasori di Qin. Intere generazioni della famiglia Xiang avevano servito lo Stato di Chu.

Da giovane, Xiang Yu aveva imparato l'arte della scrittura e poi quella della spada, ma senza portare a termine gli studi, fatto che deluse e fece infuriare lo zio. Ma il ragazzo dichiarò: "Lo studio della scrittura insegna solo a registrare i nomi delle persone, e la spada consente di combattere un solo nemico. Quindi, né l'una né l'altra valgono i miei sforzi. Ciò che voglio imparare è l'arte di combattere contro diecimila uomini".

Di conseguenza, lo zio cominciò a insegnargli la strategia militare, che il ragazzo avrebbe in seguito portato alla sua massima espressione. Zio e nipote furono in seguito costretti a fuggire nella regione di Wu, dove Xiang Liang ottenne una posizione di rilievo. Quando il primo imperatore di Qin attraversò il fiume Zhe nel suo viaggio verso Kuaiji, Xiang Yu e lo zio erano tra la folla che si era riunita per veder passare la sontuosa processione del Figlio del Cielo. Il ragazzo esclamò a un certo punto: "Il re può essere sostituito!", al che lo zio gli coprì la bocca sussurrando: "Zitto, pazzo! Vuoi forse che tutta la nostra famiglia sia messa a morte?", ma si rese conto che il ragazzo coltivava ambizioni fuori della norma.

Nel 209 a.C., sotto il secondo imperatore, tutte le regioni a ovest dello Yangtze si ribellarono. Il difensore di Kuaiji mandò a chiamare Xiang Liang e gli disse: "È giunto il tempo che il Cielo distrugga il regno di Qin. Ho sentito dire che chi colpisce per primo diventa il capo, mentre chi colpisce troppo tardi è destinato a essere comandato da altri. Sarai il mio generale insieme a Huan Chu". Quest'ultimo, però, all'epoca viveva nascosto nelle paludi, così Xiang Liang consigliò di mandare suo nipote a cercarlo, dal momento che questi conosceva le paludi come nessun altro. Poi uscì e disse a Xiang Yu di entrare, tenendo pronta la sua

[58] Vedi *Bubishi. La Bibbia del karate*, a cura di P. McCarthy, Edizioni Mediterranee, Roma, 2000, p. 153.

spada. Tornando presso il difensore, lanciò uno sguardo al ragazzo ed esclamò: "Il tuo tempo è venuto!", al che questi sguainò la spada e tagliò la testa dell'uomo. Xiang Liang assunse così il comando dell'esercito di Wu e nominò il nipote suo assistente. Insieme guidarono diverse decine di migliaia di uomini nella marcia a ovest verso l'esercito di Qin.

Un giorno, un vecchio di settant'anni di nome Fan Zeng chiese di vedere il generale e gli disse: "Dei sei Stati distrutti da Qin, Chu era il più innocente. Noi piangiamo ancora il saggio re Huai che, recatosi a Qin, non fece mai ritorno. Ma è scritto che, anche se soltanto tre famiglie rimanessero nello Stato di Chu, quest'ultimo alla fine sconfiggerà Qin. Tu discendi da una famiglia di generali Chu, ed ecco perché tanta gente si unisce al tuo esercito vittorioso: tutti si aspettano che tu riporti sul trono la famiglia reale di Chu. Ciò facendo, potrai conquistare l'assoluta lealtà dei tuoi seguaci e attirare molte persone capaci sotto i tuoi stendardi".

Xiang Liang adottò questo piano e mandò a cercare il nipote del compianto re di Chu, che risultò essere un pastore. Lo pose sul trono con il nome di re Huai per accontentare le speranze del popolo e tenne per sé la massima carica militare dello Stato.

Dopo aver sconfitto varie volte le forze Qin, però, Xiang Liang si fece sempre più arrogante. Un suo subordinato, Song Yi, lo mise in guardia: "Un esercito vittorioso è destinato alla sconfitta se i suoi generali sono arroganti e i soldati stanchi. Ora, i tuoi uomini stanno oziando, mentre le forze Qin aumentano sempre più il loro numero. Sei in una situazione pericolosa". Xiang Liang, però, non gli prestò attenzione, e questo non gli giovò, perché rimase ucciso in un attacco a sorpresa da parte del nemico.

Il re Huai di Chu nominò Song Yi comandante in capo e Xiang Yu, nipote del generale ucciso, secondo generale, ordinando loro di correre in aiuto del vicino regno di Zhao, alleato di Chu, al di là del Fiume Giallo. Le truppe raggiunsero la città di Anyang, dove rimasero per quarantasei giorni senza avanzare di un solo passo. Alla fine Xiang Yu, fremendo di impazienza, disse a Song Yi: "Se attraversiamo immediatamente il fiume e attacchiamo il nemico dall'esterno, mentre le truppe di Zhao concertano un'azione dall'interno della loro capitale Julu, Qin verrà immediatamente sconfitto!".

Ma il comandante in capo replicò: "Non è così: Qin sta attaccando Zhao in forze. Se vince, gli uomini saranno esausti e noi potremo trarre vantaggio dalla loro debolezza. Se perde, possiamo marciare su di loro e ottenere una facile vittoria. Tu sai usare bene le armi, ma io so usare altrettanto bene la strategia". E gridò ai suoi uomini: "Chiunque di voi sia fiero come una tigre, testardo come un ariete, ingordo come un lupo, e perciò disobbediente, sarà decapitato". Poi ordinò di organizzare una festa nel suo acquartieramento.

L'accampamento era spazzato da una pioggia gelida, e i soldati di Chu tremavano dal freddo e dalla fame. Xiang Yu parlò loro. "Siamo venuti qui per attaccare i Qin, ma siamo rimasti immobili senza avanzare. Il raccolto è magro, il popolo muore di fame, i soldati hanno soltanto radici da mangiare, e il comandante in capo si abbandona alle gozzoviglie, senza alcuna intenzione di unirsi alle truppe di Zhao per attaccare Qin. Così facendo, lascerà cadere in mano nemica le ricchezze e le provviste di Zhao. Questo è l'uomo che ha nelle sue mani il destino della nostra nazione, uno che cerca solo il guadagno personale e non pensa ai suoi soldati! Il suo è un comportamento indegno!".

La mattina dopo, si recò nella tenda di Song Yi per una visita di routine, nel corso della quale lo uccise. Poi uscì e annunciò alle truppe: "Song Yi complottava contro Chu, e il re mi ha segretamente ordinato di ucciderlo". Nessuno osò contraddirlo, ma tutti dissero. "La tua famiglia ha sempre servito lo Stato di Chu. Ora hai giustiziato un traditore". Lo nominarono seduta stante loro comandante supremo, e la nomina fu ratificata dal re Huai.

Xiang Yu cominciò ad attaccare con piccoli contingenti gli assedianti di Zhao, ma i loro successi erano ancora insufficienti. Quando i difensori dello Stato amico chiesero un intervento in forze, Xiang Yu in persona guidò le sue truppe al di là del Fiume Giallo. Giunto sull'altra riva, ordinò di affondare le barche, infrangere i calderoni per cuocere le vivande, bruciare le tende e distruggere tutto il cibo, tenendo solo razioni che sarebbero bastate per non più di tre giorni. In tal modo, i suoi uomini capirono di dover combattere fino alla morte, senza nemmeno pensare di ritirarsi.

Più di dieci eserciti erano asserragliati dentro le mura di Julu, capitale del regno di Zhao, e nessuno osava avventurarsi fuori per sfidare il potentissimo esercito di Qin. Quando Xiang Yu lanciò il suo attacco, rimasero a guardare dall'alto dei bastioni. I soldati di Chu si lanciarono contro il nemico con inarrestabile ardore, combattendo ciascuno contro dieci nemici e lanciando grida di battaglia che scuotevano le viscere di chiunque li ascoltasse. Nove furono le battaglie necessarie per sconfiggere i Qin, ma alla fine questi furono distrutti completamente.

Alla fine della guerra, Xiang Yu convocò i generali degli altri Stati nella sua tenda per un incontro. All'arrivo, tutti si inginocchiarono ed entrarono carponi in segno di sottomissione, senza osare nemmeno guardare il feroce guerriero Xiang Yu, che in tal modo divenne il generale supremo delle loro forze congiunte, senza eccezione.

Questo è sicuramente uno degli stratagemmi il cui impiego, assai diffuso in Oriente, ha contribuito a creare la fama di coraggio e di sprezzo del pericolo di quei popoli. L'episodio della battaglia della baia di Hakata (1281), che fermò l'invasione mongola in Giappone, è assai significativo a questo riguardo.

Qubilai Khan, insediatosi nel 1259 come primo monarca della dinastia Yüan in Cina, espresse più volte l'intenzione di sottomettere il regno del Sol Levante, il cui governo, che non sottovalutava certo la minaccia di invasione, cominciò ad approntare le opportune difese e a tenere il popolo in stato di continua vigilanza.

Qubilai Khan, il condottiero a capo dei Mongoli che nel 1274 guidò senza successo la tentata invasione del Giappone

In attesa dell'invasione mongola, i giapponesi costruiscono il muro lungo il litorale della baia di Hakata

Fin dal 1274, Qubilai cominciò a premere sulle coste giapponesi, per poi presentarsi il 18 novembre al largo della baia di Hakata, nell'isola di Kyushu; da qui, il giorno seguente i Mongoli sbarcarono, per essere subito affrontati dai samurai a guardia della guarnigione, i quali però si ritrovarono ben presto in disperate condizioni di inferiorità. Il classico modo di combattere dei giapponesi implicava lo scontro individuale, in cui il guerriero poteva dimostrare il suo valore e la sua abilità con la spada, mentre i Mongoli, fedeli al loro retaggio della steppa, combattevano a cavallo, lanciando da lontano nugoli di frecce sulla massa dei nemici. Nonostante l'insuccesso, i giapponesi inflissero ai Mongoli perdite non indifferenti e questi, non conoscendo la natura del terreno e in attesa di rinforzi, evitarono di inseguirli nell'entroterra, preferendo invece trascorrere la notte sulle navi per riorganizzarsi. Questo si dimostrò un errore fatale, perché quella notte si levò una burrasca che fece affondare parecchie imbarcazioni, causando la perdita di circa un terzo delle forze d'invasione. Le navi superstiti rientrarono in Corea.

Ben sapendo che presto i Mongoli sarebbero tornati, Hojo Tokimune, capo del *bakufu*, l'autorità militare che governava in nome dell'imperatore, comandò che fosse costruito un muro lungo tutto il litorale. Per motivare la popolazione, decretò che chiunque si fosse comportato bene nel combattere i Mongoli, fosse o no al servizio di un signore feudale, sarebbe stato premiato dal governo. Proprio una simile promessa di ricompensa e miglioramento aveva spinto gli abitanti dell'Europa a partecipare alle Crociate, meno di un secolo prima, e anche i giapponesi risposero all'appello. Nel frattempo, Qubilai riorganizzava il suo esercito composto di due armate d'invasione e di due flotte, che avrebbero dovuto riunirsi a Tsushima per poi procedere insieme alla volta di Kyushu.

Quando i Mongoli arrivarono nella baia di Hakata, ondate di attaccanti giapponesi, un anticipo delle cariche banzai della seconda guerra mondiale, impedirono loro di avanzare oltre la testa di sbarco. Il ristretto campo di manovra lasciato dal muro impedì loro di organizzare un attacco in massa, e i giapponesi furono in grado prendere qualche iniziativa. Nottetempo, le piccole imbarcazioni che avevano costruito dopo la precedente invasione venivano mandate tra le navi nemiche: con a bordo solo pochi samurai, i battelli scivolavano nelle tenebre di fianco ai più grandi vascelli coreani; in silenzio, i samurai si arrampicavano a bordo, uccidevano quanti più Mongoli addormentati potevano, tornando poi sulle barche e fuggendo. Questa tattica di disturbo si dimostrò così efficace che i nemici si ritirarono con la flotta a Tsushima: qui attesero l'arrivo dei rinforzi per cominciare l'invasione vera e propria, ma il poco spazio e il caldo estivo provocarono nel frattempo un'epidemia che uccise circa 3000 uomini. Poi un altro fortunale investì lo stretto di Tsushima per due giorni, distruggendo gran parte della flotta avversaria. Le fonti mongole non forniscono cifre, ma i resoconti giapponesi dell'epoca affermano che appena 200 navi riuscirono a non fare naufragio o a non essere scaraventate sulla riva, mentre l'80 per cento delle truppe affogò o venne ucciso sulle spiagge dai soldati giapponesi[59].

[59] Cfr. Paul K. Davis, *Le 100 battaglie*, cit., p. 197 s. In Giappone, la furia vendicatrice che aveva distrutto i Mongoli finì per essere espressa con il termine *kamikaze*, o Vento divino. La leggenda rinacque negli anni Quaranta del secolo scorso: nell'ottobre del 1944, durante l'invasione americana delle Filippine, sperando di suscitare un Vento divino per salvare il loro impero, diversi piloti giapponesi adottarono la tattica degli attacchi suicidi, che continuarono fino alla resa, quasi un anno dopo. Non si trattò certo di un'iniziativa limitata, poiché vennero realizzati anche piccoli sottomarini equipaggiati per spedizioni senza ritorno contro le navi statunitensi, noti come *kaiten*, cioè "Rivolti verso il cielo", nella speranza che potessero mutare corso al destino. Si racconta anche di soldati imbottiti di esplosivo che saltavano sui carri armati per metterli fuori uso, nonché di piani intesi a incoraggiare l'intera popolazione civile ad assumere un ruolo suicida nel momento in cui il Giappone fosse stato invaso dagli Stati Uniti (il progetto *Ichioku Tokko*, cioè "cento milioni come forza di attacco speciale"). Secondo Davis (*ivi*, p. 203), "Sono in molti a credere che solo lo shock causato dalle due bombe atomiche del 1945 sia riuscito a vanificare la missione che gran parte della popolazione giapponese si preparava a portare a termine".

STRATAGEMMA 29

樹上開花

Shu shang kai hua

Far spuntare fiori finti sull'albero

*Si possono ingannare i nemici ostentando false apparenze. Sfruttare le forze esterne serve a creare condizioni favorevoli, così che un piccolo esercito acquista grande forza. "L'oca reale si avvicina gradatamente alle alte nubi. Le sue penne si possono adoperare per le sacre danze. Salute!": così recita la sentenza per la sesta riga dell'esagramma n. 53 dell'*I:Ching*, Tsienn, il Progresso graduale, composto da Kkunn (l'albero) al di sotto di Kenn (il monte). L'albero cresce lentamente sui monti, affondando le radici nella terra. Analogamente, lo sviluppo graduale è il modo corretto per conseguire risultati durevoli. La sentenza di ciascuna delle righe dell'esagramma mostra un'oca reale che, lasciando lo stagno, si alza in volo per esplorare i dintorni, fino a salire alta nel cielo alla sesta riga. Come le sue penne possono essere usate per le decorazioni rituali, così l'eremita che si tiene lontano dalla società esercita ciò nonostante un'influenza favorevole sul popolo. Nel contesto militare, talvolta una mera apparenza esteriore produce effetti concreti.*

"Fondamentale in tutte le guerre è lo stratagemma", afferma Sun Zu. "Quindi, se sei capace, fingi incapacità; se sei attivo, fingi inattività. Se vuoi attaccare in un punto vicino, simula di dover partire per una lunga marcia; se vuoi attaccare in un punto lontano, simula di essere arrivato presso il tuo obiettivo". Ovviamente, se si è deboli bisogna apparire forti. Pertanto, in situazioni di forte imbarazzo personale (magari in ambito lavorativo o professionale), la strategia migliore è fingersi calmi e pazienti, per far sì che chi ci assilla con comportamenti illogici o arroganti "spunti le sue armi", per così dire. Non è certo un metodo semplice, ma spesso dire a un altro che ha ragione su tutto ha l'effetto di far cadere nel vuoto la sua collera e metterlo in ridicolo davanti agli altri.

Un esempio di applicazione dello stratagemma 29 mostra la vittoria del condottiero giapponese Minamoto "Kiso" Yoshinaka contro Koremori del clan Taira, ottenuta con una tattica a sorpresa: un attacco notturno in cui Yoshinaka condusse una mandria di buoi con torce accese legate alle corna contro le forze dei Taira. Questi ultimi, disorganizzati e atterriti, furono spinti in una stretta valle e massacrati fino all'ultimo uomo

La gente è abituata a ciò che vede spesso e si meraviglia di fronte a ciò che vede di rado. Quando un pescatore trafigge il suo verme e una donna fila la seta da un baco, nessuno prova il minimo timore, perché siamo abituati a vedere queste scene. Ma un incontro imprevisto con mostri e demoni terrorizzerà quasi tutti, che fuggiranno a gambe levate[60].

È una strategia ben collaudata nell'ambito dei colloqui di lavoro, in cui si tende a presentare un *curriculum vitae* che esalti al massimo, con qualche ovvia bugia, le proprie qualità: bisogna però tenere presente che spesso l'individualismo e la competitività contano marginalmente nella valutazione dei candidati a un posto di lavoro, e magari presentarsi come si è veramente può dare risultati migliori ed evitare successivi problemi.

Lo stratagemma nella storia

Il periodo degli Stati Combattenti (475-221 a.C.), come suggerisce la sua denominazione, fu un'epoca di incessanti lotte tra i vari Stati rivali. Nella fase storica precedente, detta della Primavera e dell'Autunno, le guerre venivano condotte su scala minore e per scopi limitati, e le regole della correttezza erano ancora, almeno formalmente, osservate. Quando però il prestigio e il potere della casa regnante di Zhou cominciarono a vacillare, le guerre si intensificarono e si estesero sempre più, e i signori degli Stati vassalli cominciarono a vagheggiare il controllo di tutto l'impero, il che significò spietate guerre di conquista e di annessione. In una di queste, il regno di Qi approfittò delle lotte interne allo Stato di Yan per invadere quest'ultimo e sottometterlo completamente.

Il re di Yan aveva affidato il suo regno nelle mani dell'ambizioso consigliere Zi Zhi, la cui abilità di governo era inferiore alla sete di potere: pertanto, era odiato sia dalla nobiltà che dalla gente comune, come dimostra un tentativo di rivolta soffocato nel sangue.

Il re di Qi colse l'occasione per intraprendere una campagna di conquista a spese di Yan, i cui soldati non opposero resistenza, al punto che una città dopo l'altra spalancò le sue porte agli invasori. Il re di Yan e il consigliere Zi Zhi furono barbaramente uccisi. Se tutto ciò fosse accaduto qualche centinaio di anni prima, il generale di Qi avrebbe cercato l'erede legittimo di Yan per porlo sul trono, e ciò avrebbe portato a

[60] *Bing Lei*, cit., cap. XIX.

relazioni amichevoli e durature tra i due Stati, ma i tempi erano cambiati, e le truppe di Qi non fecero altro che insediarsi nella capitale dello Stato invaso, al fine di ottenerne il controllo assoluto. Il popolo, indignato, riuscì dopo sanguinose battaglie a rimettere sul trono il figlio del defunto re, che nel 311 assunse il nome di re Zhao di Yan e cominciò subito a circondarsi di consiglieri capaci, dichiarando altresì che avrebbe rinunciato agli agi, vivendo insieme al suo popolo e condividendo con esso gioie e asprezze della vita. Tra le molte persone accorse per offrirgli i loro servigi, si distinse Yue Yi, un generale assai famoso nella storia cinese.

Poiché il regno di Qi, divenuto assai più potente, costituiva una minaccia costante per i suoi vicini, Yan riuscì a organizzare con altri Stati confinanti un'alleanza che nel 284 a.C., al comando di Yue Yi, sconfisse le forze di Qi sulle rive del fiume Ji. Dopo la vittoria, gli alleati si diedero al saccheggio, mentre le forze di Yan si spingevano all'interno dei confini nemici, inseguendo la vendetta, con l'ordine reale di sottomettere le città nemiche che rifiutavano di arrendersi.

Nei cinque anni successivi, Yue Yi conquistò più di settanta città. Le ultime due a resistere furono Lü e Jimo, che vennero circondate, ma non assalite in forze, dalle forze di Yue Yi. Questi stava nel frattempo conducendo una politica di conciliazione per porre sotto il suo controllo le terre conquistate.

Alla morte del re Zhao di Yan, salì al trono il figlio Hui, che si era spesso trovato in disaccordo con il generale Yue Yi. Fu allora che Tian Dan, valoroso generale dell'esercito di Qi incaricato della difesa di Jimo, fece diffondere tra le truppe nemiche la notizia di un tradimento da parte di Yue Yi. Immediatamente il re Hui inviò un altro comandante a prendere il posto del generale. Yue Yi fuggì, tornando nello Stato di Zhao. Il nuovo comandante riprese l'assalto alla città di Jimo, ma ancora una volta Tian Dan impiegò i suoi agenti segreti per nutrire nei soldati e nella popolazione sentimenti di odio nei confronti degli invasori. Venne diffusa una voce secondo cui Yue Yi non era riuscito a sottomettere Jimo per eccessiva condiscendenza contro il popolo di Qi. Se l'esercito Yan avesse tagliato il naso di ogni prigioniero, mettendolo di fronte alle truppe nell'assalto alla città, i soldati di Qi avrebbero avuto paura e si sarebbero arresi di propria spontanea volontà.

Il nuovo comandante Yan cadde nella trappola, facendo esattamente quanto veniva sussurrato ma, vedendo come i prigionieri venivano trattati, il popolo di Qi si infuriò, mettendo in atto una disperata resistenza e preferendo la morte alla cattura.

Quindi, Tian Dan diffuse un'altra voce: "La gente di Jimo si sente al sicuro all'interno della città, ma le tombe degli antenati rimangono fuori delle mura. Pertanto, se gli uomini di Yan scaveranno quelle tombe e distruggeranno i corpi in esse, la città, scoraggiata, non combatterà più e si arrenderà".

Anche questa volta, il comandante Yan agì secondo questa informazione. Osservando la scena del disseppellimento dei corpi di valorosi guerrieri dall'alto delle mura, il popolo di Qi si infuriò ancora di più e il suo odio nei confronti degli invasori si fece più profondo che mai. Tutti pregarono Tian Dan di condurli all'assalto delle truppe nemiche, e questi fu certo che gli uomini erano pronti alla lotta. Iniziò quindi a porre in atto il suo piano. Innanzi tutto, arruolò nei ranghi dell'esercito le sue mogli e concubine, ordinando loro di condividere il cibo e il vino con i soldati; di questi, poi, fece nascondere i più validi, lasciando alla difesa delle mura della città i più deboli e vecchi, e le donne. Raccolse dell'oro tra tutti i residenti e lo inviò al generale Yan tramite alcuni facoltosi cittadini. Essi dissero al generale: "Jimo sta per arrendersi. Ordina ai tuoi soldati di non offendere le nostre mogli e concubine, e lasciaci vivere in pace". Il generale di Yan accettò l'oro e acconsentì alle richieste: finalmente l'assedio stava per finire.

Nel frattempo, prima dell'assalto Tian Dan aveva fatto consumare agli uomini pasti abbondanti. Ordinò poi di radunare tutti i tori della città, circa un migliaio, rivestirli di seta porpora e dipingerli a strisce di vari colori, legando pugnali alle loro corna e paglia impregnata d'olio alle loro code. Fece quindi aprire dozzine di brecce nelle mura cittadine, per far uscire i tori.

Di notte, i soldati di Yan vennero svegliati da una carica di strane bestie che dalle mura si dirigevano ruggendo su di loro: le code in fiamme come draghi, il pelo a strisce, le corna acuminate e una foga incontrollabile. Erano seguiti da cinquemila figure nere e robuste che si muovevano senza far rumore, con il volto di cinque colori, che brandivano enormi spade e asce con cui facevano a pezzi qualunque cosa o persona trovassero sul loro cammino. Nel mentre, un frastuono assordante e terrificante usciva dalle mura della città, scuotendo cielo e terra. Gli uomini di Yan fuggirono in preda al panico e, quando il generale fu ucciso nella confusione, l'intero esercito crollò.

Le settanta città conquistate da Yue Yi vennero ben presto riconquistate da Tian Dan e dalle sue truppe, e lo Stato di Qi tornò in pace, ricompensando con grandi onori il suo generale.

Più o meno nello stesso periodo storico, questo stratagemma venne impiegato anche da Ciro il Grande nella battaglia della piana di Thymbra (546 a.C.) contro i Lidi e il loro re Creso. La Lidia era famosa per la superiorità della sua cavalleria e, con l'aggiunta di altre truppe, avrebbe potuto rappresentare una seria minaccia per il nuovo regno di Ciro. Questi, mentre si trovava a Elam in visita presso Gubaru, futuro satrapo di Susa, fu informato che Creso aveva condotto truppe oltre l'Halys, nella provincia della Cappadocia, e stava saccheggiando la regione. Ciro raccolse le sue forze, attraversò il fiume Tigri ad Arbela (luogo che vide in seguito una vittoria di Alessandro il Grande), ricevette alcuni rinforzi dall'Armenia e dal Kurdistan, e scese nella pianura della Cappadocia.

Dopo uno scontro iniziale che non aveva visto né vinti né vincitori, all'inizio del 546 i due eserciti si affrontarono appena fuori Sardis, nella piana di Thymbra. Ciro organizzò le sue truppe in formazione quadrata, con la cavalleria sui fianchi e i reparti montati su cocchi alla retroguardia. I Lidi si schierarono nella maniera tradizionale, disposti su lunghe file parallele. La battaglia iniziò con un tentativo di accerchiare il quadrato persiano da parte della cavalleria lidia, le cui unità centrali, però, si portarono troppo in avanti, aprendo dei vuoti dello schieramento. Fu a questo punto che Ciro mise in campo la sua arma segreta: nella battaglia precedente, a Pteria, uno dei suoi generali aveva notato che i cavalli lidi si erano imbizzarriti alla presenza dei cammelli persiani usati per il trasporto; Ciro formò con questi animali le prime truppe cammellate della storia e le fece avanzare: percependone l'odore, i cavalli dei nemici furono presi dal panico.

I cavalieri smontarono e cercarono di combattere a piedi, ma le loro lance si dimostrarono troppo poco maneggevoli per essere efficaci. Dall'interno del quadrato persiano, gli arcieri scoccarono nugoli di frecce contro i ranghi lidi, aumentandone la confusione. La fanteria e i cocchi sui fianchi caricarono i cavalieri lidi appiedati, quindi, una volta aperti ampi vuoti su entrambi i lati al centro dello schieramento avversario, Ciro vi lanciò attraverso la sua cavalleria. Il risultato fu la rotta, mentre i lidi superstiti correvano a rifugiarsi tra le mura di Sardis. Le forze persiane circondarono immediatamente la città e la assediarono per 14 giorni. Venuto a conoscenza di un probabile punto debole nelle difese – dove le mura incontravano alcune rocce, fondendosi in esse – Ciro inviò un piccolo contingente sull'altura che in quel punto sovrastava la cittadella, dove le sue truppe penetrarono rapidamente, prendendo Creso prigioniero. Il mattino successivo, la città aprì le porte al vincitore e, da quel momento, la Lidia cessò di esistere come regno indipendente.

STRATAGEMMA 30

反
客
爲
主

Fan ke wei zhu

Mutarsi da ospite in padrone di casa

*Si può sottrarre l'iniziativa ai propri clienti o consulenti, procedendo gradualmente (cfr. l'esagramma n. 53 dell'*I:Ching*, illustrato dallo stratagemma precedente).*

Quando il padrone di casa è tanto goffo da non saper come mettere a proprio agio l'ospite, questi può dettare in sua vece le necessarie procedure, e quindi i ruoli si invertono.

Il consiglio dello stratagemma è precisamente quello di sostituirsi al padrone di casa, sfruttandone le debolezze. Ad esempio, un generale attaccato da preponderanti forze nemiche può chiedere aiuto agli alleati, assumendo in tal modo il ruolo di padrone di casa. Essendo questi più debole, gli alleati (in veste di ospiti) possono segretamente sovvertirne l'autorità e assumere il controllo delle sue truppe. Ma anche uno Stato attaccato può assumere la veste di padrone di casa, mentre il nemico che sferra l'offensiva rappresenta l'ospite: pur soffrendo di numerosi svantaggi, può sfruttare i punti di forza dell'avversario, come il territorio, le provviste, gli agenti e le spie che può reclutare tra la popolazione locale. In tal modo trasformerà la sua in una posizione assai più vantaggiosa di quella dello Stato invaso.

Questo stratagemma implica l'assumere il controllo senza far uso della violenza. Alcuni commentatori lo applicano all'assorbimento di un alleato, piuttosto che di un nemico. Ad ogni modo, esso poggia sull'inversione dei ruoli. Si deve agire in modo da rendere l'altro dipendente da noi, fornendogli ragioni sufficienti per mantenere quella dipendenza. Esempio classico, in senso negativo, è l'uso di questa strategia da parte degli inglesi che nel XIX secolo, al fine di controllare il commercio in Cina, presero all'amo i cinesi rendendoli dipendenti dall'oppio e fornendo così loro un valido motivo per commerciare con la Gran Bretagna e mantenere in tal modo la loro dipendenza.

Negli affari, lo stratagemma si attua agendo in modo da diventare un'autorità nell'ambito del lavoro del proprio capo (o di un'altra persona), in modo da stimolarlo a chiedere continuamente consiglio e attuare così l'inversione dei ruoli.

> L'imperatore Taizong chiese: "In guerra, noi preferiamo la posizione del padrone di casa a quella dell'ospite e la rapidità alla durata. Perché?".
> Li Jing replicò: "La guerra è motivata soltanto da gravi esigenze: ecco perché non amiamo la posizione di ospite e una lunga durata. Sun Zu ha detto: 'Un esercito che deve percorrere grandi distanze impoverisce la popolazione'. Questo è lo svantaggio di essere ospite. E ancora: 'L'arruolamento non può essere effettuato due volte e i rifornimenti non possono essere trasportati per più di due volte'. E questo è il motivo per cui non è possibile protrarre troppo la durata della guerra. Esaminando la situazione del padrone di casa e dell'ospite, i tuoi servi possono scoprire il metodo per trasformare l'ospite in padrone di casa e viceversa".

> Taizong chiese ancora: “Che cosa intendi dire?”.
> E Li Jing rispose: “‘Procurarsi cibo dal nemico’ rappresenta il metodo per trasformare l’ospite in padrone di casa, mentre ‘affamare un nemico ben nutrito ed esaurire l’avversario ben riposato’ è il metodo per trasformare il padrone di casa in ospite. Quindi, il punto fondamentale in guerra non risiede nella posizione di padrone di casa od ospite, né nelle caratteristiche di rapidità o durata, ma nel colpire il punto giusto al momento giusto”[61].

Nei rapporti interpersonali quotidiani, le posizioni di ospite e padrone di casa vengono scambiate spesso e mutano continuamente, in base alle iniziative prese dai singoli allo scopo di equilibrare situazioni traballanti o instabili. L’espediente rende ragione dei continui mutamenti evocati dall’*I:Ching* e dall’alternanza di yin-yang, evidenziata dal suo stesso simbolo ☯, in cui ciascuno dei due opposti contiene e circoscrive il suo contrario.

Ma tutto ciò induce un ragionamento di più ampio respiro, che riguarda la nostra dipendenza dallo stile di vita occidentale e da tutte le contraddizioni, sempre più palesi, da esso mostrate. È abbastanza facile rendersi conto che tendiamo ad essere succubi (“ospiti”) del materialismo insito nello sviluppo stesso della nostra società che sembra rendere impossibile una “riappropriazione” di principi, valori, significati. Una riflessione ci viene da Namkhai Norbu, il quale sostiene:

> Se il progresso significa benefici e profitti per la società, l’individuo umano, che è il fattore primo del progresso, deve mantenere il controllo sulla società e goderne i benefici. Nel caso che [l’individuo] andasse nella direzione opposta e cioè diventasse schiavo della società, è inutile dire che il progresso non potrebbe mai raggiungere il suo vero scopo. (…) Finché non ci liberiamo dalla rete della visione dualistica, la libertà resta qualcosa di falso. (…) Se dobbiamo collaborare al progresso della società, però, è necessario tener sempre presente che siamo solo noi individui a godere dei suoi benefici e anche gli unici padroni della società[62].

Secondo Norbu, una casa non può superare l’altezza imposta dalla capacità di sostegno delle sue fondamenta, né una macchina potrebbe mai oltrepassare la propria potenza di funzionamento: è proprio nel

[61] *Tang Tai Zong Li Jing Wen Dui*, cit., seconda parte.

[62] Namkhai Norbu, *Un’introduzione allo Dzog-chen*, Shang Shung Edizioni, Arcidosso, 1988, p. 75 s.

tentativo di esasperare le funzioni della società che finiamo per diventarne schiavi e provocare l'insorgere di conflitti, mentre la risposta alle nostre aspirazioni va trovata unicamente dentro di noi, in quella "condizione reale" che possiamo scoprire soltanto superando le barriere imposte dal dualismo.

Lo stratagemma nella storia

Dopo essere stata costretta nel 770 a.C. a trasferirsi a est, a Luoyang, la dinastia regnante Zhou perse gradualmente il controllo sui signori feudali. I successivi trecento anni, chiamati periodo della Primavera e dell'Autunno, rivelarono un turbolento scenario di usurpazioni, annessioni, tradimenti, omicidi, ma anche di saggezza, coraggio e lealtà. Verso il 719 a.C., il ducato di Zheng, il cui signore era ministro alla corte di Zhou, subì un pesante assedio da parte di altri cinque Stati, assedio dal quale, alla fine, fu liberato grazie a divergenze sorte tra gli occupanti. Il duca cominciò subito a fare piani per ottenere vendetta. Convocò i suoi consiglieri affermando: "Anche se l'invasione è stata condotta dallo Stato di Wei, la forza principale che ha contribuito all'assedio è stata quella di Song. Pertanto, intendo punire per primo quest'ultimo regno".

Il primo ministro osservò: "Se attacchiamo Song, gli altri quattro Stati si uniranno per correre in suo soccorso. Quindi, prima di intraprendere qualsiasi azione, sarà meglio assicurarsi l'aiuto di Chen e Lu".

Il duca accettò e riuscì a ottenere l'appoggio di Chen. Poi, impaziente, chiese ancora il consiglio del suo primo ministro, il quale ripose: "Song è uno Stato molto grande, e perfino il re di Zhou tratta il duca con rispetto. Devi perciò trovare una scusa per la tua spedizione. Suggerisco di recarci a far visita al re di Zhou. Al ritorno, potrai inviare messaggi a Qi, Lu e agli altri Stati, annunciando di aver ricevuto dal re l'ordine di attaccare Song". "Eccellente idea!", esultò il duca, e fece organizzare subito la visita al re di Zhou.

Quest'ultimo, però, non aveva grande considerazione per il duca di Zheng, a causa di un furto perpetrato alcuni anni prima dalle sue truppe nei domini reali, che erano stati privati di gran parte del raccolto.

"Com'è il raccolto quest'anno?", chiese il re al duca, che rispose: "Con la benedizione di Vostra Maestà, non vi è stata siccità né inondazione".

"Che fortuna!", replicò il re. "Allora potrò tenere per me il mio riso e il mio grano!", aggiunse sarcasticamente, e donò al duca non seta, come di solito, ma dieci carri di grano, accompagnati dalle parole: "Accetta questo regalo per soddisfare le tue eventuali esigenze".

Furioso e umiliato, il duca di Zheng fece per allontanarsi dalla capitale, ma fu avvicinato da un ministro della corte, che gli fece dono di due carri di seta. Dopo averlo ringraziato e congedato, il duca chiese al suo primo ministro: "Che significa questo dono?".

"Questa persona intende aiutare il secondo figlio del re a salire al trono, e pertanto cerca alleati. Non sa però quale grande favore ci ha fatto. Ordina di distribuire la seta tra i dieci carri donati dal re, in modo da ricoprire il grano al di sotto. Potrai dire che, omaggiandoti con dieci carri di seta, il re ti ha conferito l'autorità per punire il regno di Song per non aver pagato quest'anno le tasse. Quindi, qualunque Stato che non si unirà alla spedizione disobbedirà a un preciso ordine del re. E come potrebbe mai resistere all'assalto delle armate il pur potente ducato di Song?".

Agendo il base a questo piano, il duca di Zheng riuscì a ottenere trecento carri da guerra da parte di Qi e duecento da parte di Lu. Le armate dei tre Stati marciarono contro Song all'ombra di un grande stendardo che portava ricamate le parole: "Punisco il peccatore per ordine del Cielo".

Il duca di Song mandò a chiamare il ministro Kong Jia per chiedergli consiglio. "Ho inviato i miei uomini a corte", replicò quest'ultimo, "e so che il re non ha mai dato l'ordine di attaccare Song. Ho un piano che li costringerà a ritirarsi senza combattere. In precedenza, Wei, Cai, Chen e Lu si unirono a noi per attaccare Zheng. Ora, Chen e Lu sono passati al nemico, mentre Cai e Wei sono ancora in rapporti amichevoli con noi: per mezzo di doni principeschi, convinci questi ultimi ad attaccare insieme a noi la capitale di Zheng. Il duca non potrà evitare di tornare in patria per opporsi all'assedio, e allora Chen e Lu non potranno continuare ad assalirci da soli".

Il duca di Song accettò il piano e marciò con gli alleati sulla capitale di Zheng, Yingyang. Tutta la regione intorno alla città fu saccheggiata ma, quando le truppe vollero varcare le mura, Kong Jia fermò i generali. "Un attacco a sorpresa funziona una sola volta. Ora gli uomini di Zheng sono pronti a combattere e il duca sta tornando, per cui ci ritroveremmo tra due fuochi. Ritiriamoci dalla parte di Dai. Ormai, l'assedio a Song sarà già stato tolto". Era un piano saggio ma, con grande sorpresa di Kong Jia, gli uomini di Dai, insospettiti, non vollero lasciar passare l'esercito in ritirata. Kong Jia si infuriò e diede ordine di attaccare Dai, ma senza riuscire a conquistare definitivamente la città.

Quando il duca di Zheng venne a sapere le ultime notizie, rise fragorosamente. "Kong Jia non capisce nulla di guerra!", esclamò. "Egli sfoga la sua ira contro gente irrilevante, e non sa che la sua stessa sicurezza è in pericolo! Io so bene come batterlo".

Le truppe di Song, Wei e Cai stavano combattendo la battaglia decisiva per conquistare Dai, quando Kong Jia venne a sapere che il supremo comandante di Zheng stava accorrendo in aiuto della città. Poco dopo, giunse la notizia che il duca di Dai aveva spalancato i cancelli alle truppe soccorritrici. Kong Jia si arrampicò sui bastioni per osservare, e vide spiegare gli stendardi di Zheng su tutti i tetti, accompagnati da alcune salve di cannone. Poi vide il comandante di Zheng ritto sulla torre più alta, e lo udì ridere e gridare: "Ti ringrazio, Kong Jia, per averci aiutato a conquistare la città di Dai!".

Il trucco era stato escogitato dal duca di Zheng, che si era nascosto in un carro da guerra e aveva lasciato che il suo comandante guidasse le operazioni e dichiarasse di essere giunto in aiuto di Dai. Gli uomini a difesa della città gli avevano spalancato le porte, e il duca aveva potuto assumere il controllo della città con le sue truppe, praticamente senza combattere.

Furente, Kong Jia giurò ad alta voce: "Non vivrò sotto lo stesso cielo con Zheng!". Ricevette una lettera con cui il duca di Zheng lo sfidava a combattere, e accettò la battaglia per il mattino dopo. Schierate le truppe sul campo, Kong Jia ordinò per sei volte l'assalto, ma gli uomini sfiniti non riuscirono ad aver ragione delle armate di Zheng, assai più fresche e riposate. A queste ultime bastò una sola carica per far fuggire i nemici in tutte le direzioni. Kong Jia riuscì ad allontanarsi sul suo carro con pochi fedelissimi, ma Zheng riportò una vittoria completa con pochissima fatica.

Nella storia recente abbiamo visto diversi esempi di applicazione di questa strategia, con molte grandi potenze intervenute in veste di ospiti negli affari politici interni di Paesi che le hanno viste infine insediarsi in pianta stabile. Possiamo citare come esempi gli americani in Vietnam, i vietnamiti in Cambogia e i sovietici in Afghanistan, oppure gli indiani nello Sri Lanka: questi ultimi, invitati come forza di pace per contribuire a sedare le sommosse dei ribelli Tamil, hanno finito per superare di numero i soldati locali e assumere il controllo della situazione interna.

STRATAGEMMI DA IMPIEGARE IN SITUAZIONI DISPERATE

La serie finale di stratagemmi illustra quelli più rischiosi dell'intero gruppo, che richiedono acume e abilità. Si tratta di strategie riservate alle situazioni in cui la posta in gioco è molto alta, e possono essere impiegate con successo soltanto da comandanti esperti, in quanto richiedono colpi sotto la cintura, vere e proprie bravate e perfino tecniche autodistruttive. E, quando tutto fallisce, è sempre possibile ricorrere all'ultima risorsa: la fuga!

STRATAGEMMA 31

美人計

Mei ren ji

Usare una donna per irretire un uomo

*Fa riferimento all'uso del fascino femminile per influenzare figure chiave nell'organizzazione del nemico. Se l'avversario è troppo forte, cerca di soggiogare il suo generale; se questi è saggio, cerca di piegare la sua forza di volontà. Quando il generale diventerà debole e i suoi uomini distratti, la loro forza di combattimento vacillerà. "È propizio resistere ai predoni; la sicurezza si ottiene con l'unità interna". La frase è tratta dal commento alla terza linea dell'esagramma n. 53 dell'*I:Ching *(Tsienn, lo Sviluppo graduale; cfr. stratagemma 29). La sentenza recita: "L'oca reale si avvicina gradatamente all'altipiano. Il marito esce di casa e non ritorna più. La moglie porta in grembo un bimbo ma non lo dà alla luce. Sciagura! Propizio è respingere predoni". Quando non si osserva la legge dello sviluppo graduale, ma ci si tuffa a testa bassa in una contesa, il risultato sarà assolutamente negativo. Ecco perché si consiglia di mantenere la posizione e assicurarsi buoni rapporti con gli alleati e subordinati per respingere invasioni di qualsiasi genere.*

Essendo la guerra un naturale prolungamento della politica, il suo esito può essere ovviamente influenzato da manovre che si attuano fuori del campo di battaglia: da qui l'uso di agenti per seminare discordia tra le truppe nemiche e l'impiego di donne per colpirne al cuore i capi.

La storia ufficiale della Cina (e non solo della Cina) è piena di episodi riguardanti donne di una bellezza tale da far crollare imperi.

L'uomo, per sua natura yang (saldo e forte), combatte con i pugni, mentre la donna, di natura yin (debole e cedevole), lotta con sorrisi e lacrime. Come la goccia scava la roccia, così il debole yin può soggiogare il forte e stabile yang. Nel senso più ampio, quindi, lo stratagemma allude al principio generale dell'impiego del debole per sottomettere il forte, e la "trappola della bellezza" non è che una delle sue infinite applicazioni.

Pensando allo stratagemma da un punto di vista negativo, Sun Zu aveva ragione di insistere che il comandante di un esercito dev'essere uomo di grande integrità e dirittura morale: se non è uso a commettere adulterio, resterà immune da questo stratagemma. Molti generali cinesi si facevano un punto d'onore nel mangiare lo stesso rancio dei loro uomini, e nel non abbandonarsi ai lussi del grado se non dopo essere tornati a casa, alla fine delle ostilità. Questo modello di comportamento non solo ha il vantaggio di conquistare la fedeltà dei subordinati, ma evita altresì che il comandante cada nelle reti della lussuria.

Sesso, droga, gioco d'azzardo, denaro, ricchezze, perfino l'adulazione, sono tutte "trappole della bellezza" in grado di spezzare la volontà di un capo. L'integrità morale e un realistico inventario morale delle proprie debolezze aiutano a superare tutte le difficoltà e a mantenersi sulla retta via.

> Gli uomini sono forti e le donne deboli, e nell'antichità i comandanti usavano questa debolezza femminile. Negli affari civili, le donne possono fuorviare e ingannare il nemico. Negli affari militari, possono condurre al combattimento i carri da guerra e liberare dal pericolo e dalle difficoltà, poiché sono in grado di adattarsi alle circostanze mutevoli. La donna riesce là dove l'uomo fallisce[63].

[63] *Bing Fa Bai Yan*, cit., "Donne".

Ovviamente, l'uso di un tale stratagemma per influenzare gli altri su un piano personale è ancora più discutibile e di dubbio effetto. Ad esempio, indurre un bambino a fare qualcosa con la promessa di una ricompensa molto ambita può funzionare una o due volte, ma a lungo andare renderà sempre più difficile l'assunzione di responsabilità da parte del ragazzo che diventa adulto. Inoltre, nessun rapporto basato sul *do ut des* può diventare profondo e affidabile.

Lo stratagemma nella storia

Yue e Wu, due Stati confinanti nel sud-est della Cina, furono un tempo alleati ma, a causa di smanie di conquista e di dominio, divennero nemici nel 506 a.C., quando il primo tentò di invadere il secondo.

Nel 496, il vecchio re di Yue morì, e il figlio Gou Jian gli successe sul trono. Fu allora che il re di Wu volle intraprendere una spedizione contro Yue per vendicare l'offesa ricevuta. Gou Jian pose davanti al suo esercito alcuni condannati a morte i quali, all'avvicinarsi delle schiere armate di Wu, gridarono: "Moriremo per riparare l'errore del nostro re" e tutti insieme si tagliarono la gola, una vista che intimorì alquanto le schiere di Wu. Subito Gou Jian ordinò la carica e inflisse una grave sconfitta al nemico. I superstiti si ritirarono, ma di lì a poco il re di Wu morì a causa di un fendente ricevuto.

Suo figlio Fu Chai meditò la vendetta, ma attese i tre anni prescritti per il lutto reale; quindi, progettò una campagna di invasione di Yue.

Quando Gou Jian lo seppe, convocò i suoi consiglieri che gli suggerirono di evitare lo scontro, ma non li ascoltò. Dopo una prima pesante sconfitta, però, venne a più miti consigli.

"Il destino è contro di noi", osservò Wen Zhong, uno dei suoi ministri, "ma non è troppo tardi per chiedere la pace".

"E se il re di Wu rifiuta?".

"Nel regno di Wu vi è un ministro, Bo Pi, che ha un debole per la ricchezza e le belle donne. Inoltre, è molto geloso degli altri ministri, specialmente di Wu Zixu. Se riusciamo a convincerlo con doni generosi, certamente Bo Pi ci aiuterà a concludere la pace con il suo re".

Di lì a poco, Bo Pi ricevette venti coppie di statue di giada, un migliaio di pezzi d'oro e otto bellissime fanciulle; fu quindi assai rapido nel recarsi dal re e intercedere in favore della pace. "Ricordi cosa dice Sun Zu?", disse al re. "La guerra è uno strumento letale che va usato solo temporaneamente. Yue ha gravemente offeso Wu, ma ora il suo re chiede di essere un tuo semplice suddito, al solo patto di poter continuare a venerare i suoi antenati. Un'invasione da parte di Yue sarebbe disastrosa per tutti, e avremmo sempre dei nemici alle nostre frontiere. Ma se tu accetti la resa del re di Yue, avrai uno Stato vassallo che ti pagherà tributi sostanziosi, e la fama della tua generosità si spargerà come il vento in tutta la Cina".

Quest'ultimo argomento convinse Fu Chai, che aveva ambizioni di conquista nella Cina centrale. Avrebbe stipulato la pace con Gou Jian, se questi si fosse presentato entro tre mesi con la sua famiglia a Wu. Il ministro Wu Zixu tentò invano di far tornare il re sui suoi passi, ma invano. L'accordo venne concluso alle condizioni di Fu Chai.

Gou Jian e sua moglie trascorsero tre anni in una casa di pietra ad allevare cavalli per Fu Chai, apparentemente contenti e sottomessi, nonostante la miseria e le umiliazioni. Gradualmente, il re di Wu si ammorbidì, e infine permise al re di Yue di tornare a casa.

Questi ricominciò subito a meditare la vendetta. Per rafforzare il proprio intento di restituire l'umiliazione ricevuta a Fu Chai, beveva della bile da una fiaschetta che aveva appeso nella sua stanza e dormiva su fascine di sterpi. Emanò diversi decreti per aumentare la popolazione di Yue decimata dalla guerra e dalla carestia, favorendo al massimo le famiglie numerose a spese dello Stato. Chiese poi consiglio a Wen Zhong per accrescere più possibile la forza di Yue e minare quella di Wu in previsione di una prossima guerra, e il ministro suggerì sette metodi: primo, donare denaro per compiacere il re e i ministri; secondo, comprare ad alto prezzo grano da Wu per impoverire le sue riserve di cibo; terzo, far dono al re di bellissime donne per distrarlo dalle attività quotidiane; quarto, inviare abili artigiani per costruire bellissime residenze, prosciugando così le ricchezze di Wu; quinto, inviare degli adulatori per creare confusione nella politica di Wu; sesto, seminare la discordia tra il re e i ministri per indebolire il suo regno; settimo, accumulare ricchezza e addestrare soldati per mettere Yue in condizioni di colpire al momento giusto.

Gou Jian decise di utilizzare i primi tre metodi. Dapprima, inviò cento cortigiani a cercare in tutto il regno la donna più bella, che risultò essere Xi Shi. Ella venne educata per tre anni alle maniere di corte, a danzare, suonare e compiacere il suo padrone. Inutile dire che quando fece il suo debutto alla corte di Fu Chai, questi se ne innamorò al punto da trascurare tutto il resto per trascorrere il suo tempo solo con lei.

Vi fu poi un anno di carestia nello Stato di Yue, e Gou Jian inviò Wen Zhong ad acquistare grano da Wu. Il re lo concesse a patto che l'anno successivo ne venisse restituita la stessa quantità. Quando giunse il momento, Wen Zhong prese il grano migliore dell'annata più che favorevole e ordinò di cuocerne ed essiccarne la stessa quantità prestata l'anno prima, e lo fece poi trasportare a Wu. Quando il grano non germogliò e il suo Paese fu colpito da una gravissima carestia, Fu Chai non realizzò di essere stato ingannato, ma si limitò ad attribuirne la causa alle diverse condizioni climatiche e ambientali di Wu rispetto a Yue.

Fu Chai si lasciò sfiorare la mente da qualche sospetto quando vide che Gou Jian rafforzava sempre di più il suo esercito, ma quest'ultimo diede prova della sua lealtà inviando molti soldati e ottime armi a Wu, per rafforzare un corpo di spedizione che aveva il compito di conquistare lo Stato di Qi. La spedizione ebbe successo, e al suo ritorno Fu Chai si chiuse per tre giorni nel palazzo d'estate con la sua Xi Shi. Dopo, decise di dare una sontuosa festa per celebrare e ricompensare i generali e i ministri che si erano resi meritori ai suoi occhi. Wu Zixu fu l'unico a non ricevere premi, anzi venne insultato dal re, e rispose con acrimonia: "Quando la caduta di un regno è decisa dal Cielo, accade che questo regno goda di una certa fortuna prima della rovina. La tua fortuna è stata la conquista di Qi, quindi ora attendi l'arrivo del colpo mortale".

Fu condannato dal re a tagliarsi la gola, ma le sue parole si rivelarono profetiche. Poco tempo dopo i soldati di Yue invasero Wu, cavalcando l'onda della vittoria. Fu Chai inviò Bo Pi a chiedere la pace, dicendogli: "Tu mi hai assicurato che Yue non si sarebbe mai rivolto contro di noi, ed ecco perché ho lasciato che Gou Jian tornasse a casa. Ora, se non lo convinci a ritirarsi, ti taglierò la testa io stesso!". Le armate di Yue, ancora troppo poco numerose per vincere, si ritirarono, ma soltanto per tornare quattro anni più tardi, più forti e invincibili. Fu Chai fu costretto a tagliarsi la gola per l'umiliazione di vedere il suo regno ridotto a una provincia di Yue, che da quel momento in poi divenne una forza sempre più formidabile nel sud-est della Cina. Un giorno, Wen Zhong ricevette una lettera da uno degli altri consiglieri del re Gou Jian, da tempo allontanatosi dalla capitale. Egli scriveva: "Quando tutti gli uccelli sono stati uccisi, l'arco viene riposto, una volta catturata la lepre, il padrone mangia anche il suo cane da caccia. Il re di Yue è il tipo d'uomo con cui si possono condividere le sfortune, ma non il successo. Segui il mio consiglio, e lascia la corte prima che sia troppo tardi".

Wen Zhong non diede ascolto a quelle sagge parole, e ben presto cadde preda delle gelosie di corte. Un giorno il re Gou Jian, informato di un complotto da lui architettato, lo convocò e gli mise in mano una spada. "Mi hai insegnato sette metodi per distruggere Wu. Io ne ho impiegati tre, e sono riuscito nell'intento. Ti consiglio ora di raggiungere il re Fu Chai per suggerirgli gli altri quattro". E fu così che Wen Zhong fece la stessa fine di Fu Chai e del suo collega Wu Zixu.

La "trappola della bellezza" rappresenta il più antico stratagemma del mondo: usare donne compiacenti per distrarre i comandanti militari, drogarli od ottenere da loro informazioni preziose, un espediente usato con successo dalla Resistenza francese durante la Seconda guerra mondiale ai danni dei comandanti nazisti.

La riuscita di un trucco tanto evidente potrebbe sorprendere, ma vale la pena notare che esso viene posto quasi alla fine dell'elenco degli stratagemmi, poiché si tratta di un'"ultima risorsa", quando ogni altro stratagemma non ha avuto successo. Per quanto riguarda l'esempio precedente, in Francia esso veniva usato da persone il cui esercito era già stato sconfitto, e in ogni caso i francesi dovettero essere salvati dai loro alleati. Tutte le prostitute del mondo non avrebbero potuto rimettere insieme i pezzi dell'esercito francese o espellere i nazisti da Parigi.

STRATAGEMMA 32

空
城
計

Kong cheng ji

Lasciare aperte le porte della città vuota

*Si può fare in modo di apparire più deboli di quanto si è in realtà, in modo che i nemici cadano in trappola grazie a una delle tre probabili reazioni di fronte all'apparente debolezza: la boria che è causa di rovina, l'arroganza che porta all'autodistruzione, o la paura di un'imboscata che li persuaderà a fuggire. Tutto ciò deriva dall'esagramma n. 40 dell'*I:Ching*, la Liberazione, le cui sei linee configurano i sei diversi stadi dell'azione. La sentenza recita: "Quando non vi è più luogo ove doversi recare, ritornare è di salute. Se vi è ancora un luogo ove si debba andare, allora è salutare rapidità". È questo il giusto comportamento nei tempi cui segue il superamento delle difficoltà. L'immagine allude alla tensione che si accumula nell'atmosfera in occasione di un temporale che avrà certamente l'effetto di purificare l'aria.*

Se voglio evitare di ingaggiare battaglia, inganno il nemico con fattori di diversione. Così non muoverà contro di me, neppure se gli indicassi la strada con una linea disegnata sul terreno[64].

Quando tutto è perduto e le ultime risorse sono esaurite, bisogna tentare qualcosa di imprevisto, rischiando il tutto per tutto. In alcune disperate situazioni di questo genere, in passato i comandanti facevano spalancare le porte della fortezza, invitando il nemico a entrare e ad attaccare.

Sul piano interpersonale, l'espediente suggerisce che spesso essere sinceri sulle proprie debolezze può contribuire a dare agli altri un'impressione di fiducia e forza. Chi ha la responsabilità di un gruppo di dipendenti è spesso più portato a fidarsi di coloro che ammettono i propri punti deboli e magari ironizzano su di essi, piuttosto che di chi tende a nascondersi dietro una impenetrabilità che sollecita diffidenza. Inoltre, una sincera (ma non esagerata) autoironia porta i colleghi ad apprezzare colui (o colei) che sentono simile a loro, gli amici a cercare di aiutare e (non ultimo) gli avversari a non credere che le cose stiano veramente così "male". In altre parole, si tratta di uno stratagemma di sicuro successo, se usato in modo equilibrato, a piccole dosi e, soprattutto, al momento giusto.

Nel suo *Libro dei cinque anelli*, Miyamoto Musashi allude a questa strategia, quando consiglia di "sciogliere le quattro mani":

Quando entrambi avete le stesse idee e vi bloccate a vicenda senza fare progressi, "sciogliere le quattro mani" consiste nell'abbandonare questa condizione, qualunque essa sia, e vincere con una nuova iniziativa.
Quando *Heiho* riguarda molti combattenti, se ci si infila in un vicolo cieco del tipo "mani intrecciate" e la situazione ristagna, non è possibile arrivare a una conclusione e le perdite diventano sempre più pesanti. La cosa da fare è abbandonare in fretta la tattica precedente per adottarne una che l'avversario non si attende[65].

64 Sun Zu, *L'arte della guerra*, cit., cap. VI, p. 82-83.
65 Miyamoto Musashi, *Il libro dei cinque anelli*, cit., p. 103.

Lo stratagemma nella storia

Li Guang, discendente di Li Xin, il famoso generale che servì il primo imperatore Qin, aveva ereditato le grandi abilità militari della famiglia, e divenne perciò il migliore arciere di tutta la storia cinese. Si racconta che in un'occasione, durante una battuta di caccia, vide una tigre accovacciata nell'erba alta. Scoccò con il suo potente arco una freccia che penetrò profondamente nel bersaglio. A un'occhiata più ravvicinata, la "tigre" risultò essere un grosso masso di pietra che aveva quella forma, e Li Guang, pur tentando ripetutamente, non riuscì più a trapassare la roccia come la prima volta.

La sua fama in battaglia crebbe a tal punto che l'imperatore Wendi lo volle sempre al suo fianco. Nel 154 a.C. contribuì a sedare la ribellione dei sette principi e si distinse caricando le formazioni del nemico e impadronendosi della bandiera del comandante. Al suo ritorno, però, non ebbe premi né onori, perché aveva accettato la nomina alla carica di generale dal principe Liang senza il consenso dell'imperatore. Fu tuttavia posto a capo della guarnigione di Shanggu, a nord, vicino al territorio degli Xiongnu, e guidò personalmente molti assalti contro i barbari di frontiera. Successivamente, venne trasferito in altri posti di frontiera, e sempre si distinse per abilità e coraggio.

Li Guang si dimostrava gentile e generoso con i suoi uomini, ed era solito dividere con i soldati qualunque ricompensa gli fosse accordata, senza accumulare alcuna proprietà personale. Se le truppe erano a corto di cibo o acqua, egli non mangiava e non beveva fino a quando l'ultimo dei suoi uomini non avesse mangiato e bevuto. In questo modo si guadagnò la lealtà assoluta dei suoi soldati, pronti a obbedire ai suoi ordini senza discutere e, se necessario, a morire per lui.

Tuttavia, non riuscì mai a farsi accordare un titolo nobiliare, a differenza di uomini assai meno dotati e validi di lui. Perciò, un giorno si recò da un astrologo per capire il motivo della propria sfortuna. "Forse in me c'è qualcosa che non piace ai potenti?", chiese.

L'astrologo chiese: "Hai mai compiuto azioni di cui rammaricarti?".

"Quando ero governatore di Longxi, la popolazione di Qiang si ribellò. Ottocento persone poi si arresero, ma ruppi la mia promessa e li feci condannare a morte. Non passa giorno che io non beva l'amaro calice del rimorso".

"Non c'è niente di peggio che uccidere chi si è arreso. Ecco perché non diventerai mai marchese", sentenziò il sapiente.

Una volta, gli Xiongnu penetrarono nella regione di Shang per sferrare un'offensiva. L'imperatore ordinò a Li Guang di organizzare una controffensiva. Quando si furono accampati, alcune dozzine di uomini delle forze imperiali, tra cui l'eunuco preferito del sovrano, uscirono in avanscoperta. Vedendo tre Xiongnu a cavallo, cercarono di catturarli, ma questi estrassero i loro archi e in breve uccisero fino all'ultimo soldato. Si salvò solo l'eunuco che, grazie al suo valido corsiero, riuscì, benché ferito, a fare ritorno al campo. Quando venne a conoscenza dell'accaduto, Li Guang osservò. "Deve essersi trattato di arcieri-aquila, i migliori degli Xiongnu". Radunò immediatamente cento cavalieri e partì alla loro ricerca. Li trovò a piedi (avevano perduto i loro cavalli), li catturò e li uccise, ma non prima di aver ricevuto la conferma che si trattava proprio di arcieri-aquila.

Stava per fare ritorno al campo con i suoi uomini, quando diverse migliaia di Xiongnu a cavallo emersero quasi dal nulla e li circondarono. I guerrieri barbari, però, vedendo solo un piccolo contingente di soldati Han, pensarono a una trappola, pertanto in tutta fretta salirono su un colle vicino, dove si schierarono in formazione difensiva.

Gli uomini di Li Guang erano terrorizzati e volevano fuggire di gran carriera verso il loro campo, ma egli li fermò, dicendo: "Se fuggiamo, ci finiranno rapidamente, ma se rimaniamo qui penseranno che siamo una compagnia inviata in esplorazione e seguita dal grosso delle nostre truppe. Non oseranno attaccarci".

Ordinò poi di avanzare verso il nemico e fermarsi solo a due *li* di distanza, per poi smontare da cavallo e togliere i finimenti. I suoi uomini, ancora più impauriti, chiesero: "Sono tanti e sono vicini. Che faremo se ci attaccano?".

Li Guang replicò: "Non lo faranno. Aspettano che ce ne andiamo, ma ora che abbiamo tolto i finimenti ai cavalli per chiarire la nostra intenzione di rimanere qui, penseranno certamente a un trucco".

Gli Xiongnu non osarono avanzare, ma inviarono un ufficiale in ricognizione. Li Guang saltò a cavallo con una dozzina di uomini e corse dietro l'esploratore, uccidendolo sul colpo con una sola precisa freccia. Poi tornò e ordinò agli uomini di sdraiarsi e riposare. La notte era vicina, e i barbari pensarono che gli Han stessero preparando un attacco notturno a sorpresa; quindi, col favore delle tenebre, si ritirarono in silenzio.

All'alba, Li Guang riportò i suoi cento cavalieri all'accampamento dell'esercito Han, da dove nessuno era partito alla loro ricerca, non sapendo dove fossero andati.

Li Guang combatté più di settanta battaglie con gli Xiongnu e visse più di sessant'anni. Non morì sul campo, però, ma si uccise di propria mano in seguito a un complotto. La fortuna non gli arrise mai, e fu proprio l'imperatore a ordinare al comandante in capo dell'esercito di fare in modo che l'eroe arrivasse in ritardo al raduno delle forze prima di una battaglia contro il capo degli Xiongnu. Al ritorno della spedizione, il comandante convocò Li Guang al campo per processarlo per tradimento, ma questi annunciò ai propri ufficiali: "Sono troppo vecchio per queste faccende da impiegati", ed estratta la spada si tagliò la gola.

Con tutta probabilità, il modo migliore per interpretare lo stratagemma consiste nel dire che se l'attacco sembra inevitabile e impossibile da vincere, è d'uopo far credere al nemico di essersi ritirati o aver abbandonato il campo di battaglia. Abbiamo già accennato all'episodio di George Washington che fece ritirare in gran segreto i suoi uomini nella foresta. Gli inglesi, al mattino dopo, non trovarono altro che un accampamento deserto.

In un certo senso, questo fu proprio lo stratagemma adottato dai Greci nell'assalto finale alla città di Troia. Essi fecero credere ai Troiani di essersi ritirati, lasciando soltanto il cavallo come dono d'addio. Gli abitanti della sfortunata città si convinsero di non avere nulla da temere.

Un aspetto di assoluto rilievo dell'inganno consiste nel fornire al nemico la totale certezza del "vuoto" creatosi nella prima linea, così da convincerlo di aver vinto, e solo dopo attaccare in forze. L'espediente dimostra tutta la sua utilità in situazioni in cui l'altra parte ha "condotto il gioco" per tutta la durata dello scontro ed è ormai tanto sicura della vittoria finale da allentare ogni sorveglianza.

STRATAGEMMA 33

反間計

Fan jian ji

Stratagemma della spia nemica che semina la discordia nel proprio campo

*Ci si accorda con gli informatori di altre organizzazioni convincendoli a lavorare contro i loro stessi amici. Conduci il nemico nella sua stessa trappola. "Tieni per lui interiormente. Perseveranza reca salute. Non perdere te stesso": è il commento alla seconda linea yin dell'esagramma n. 8 dell'*I:Ching, *Pi, la Solidarietà, composto da Kenn (acqua) sopra e Kkunn (terra) sotto. La terra sostiene l'acqua sulla sua superficie e l'acqua scorre sulla terra formando fiumi e oceani, ed ecco perché il commento afferma: "Gli inferiori sono devoti e obbedienti". La linea yin al secondo posto, in corrispondenza con il signore del segno, rappresenta chi si pone obbediente agli ordini del forte e generoso reggente. Nel contesto dello stratagemma, questa linea significa che chi conosce la guerra si assicura i leali servigi di una persona all'interno del campo nemico.*

Nell'ultimo capitolo dell'*Arte della guerra*, Sun Zu difende l'utilizzo delle spie e la diffusione di false informazioni nel campo avversario per opera delle stesse spie nemiche. È una tattica che può avere un successo enorme, ma che richiede tempo e un alto grado di sottigliezza.

Ricordate, la gente tende a credere a ciò che teme di più, e rivela *sempre* ciò che teme, ma occorre molto acume per cogliere il messaggio e agire di conseguenza.

Non esiste limite a ciò che possiamo conoscere delle persone, ma dobbiamo ascoltare con attenzione ciò che dicono: saranno le loro parole a rivelare il pensiero e l'inganno della mente celato dietro di esso. E, conoscendo i pensieri del nemico, è possibile demolire il suo modo di pensare. Lo stratagemma allude al principio generale di fingere ignoranza quando si viene informati di qualcosa.

> Devi individuare gli agenti nemici venuti a spiarci, e tentare di comprarli perché passino al tuo servizio. Affida loro le istruzioni opportune e seguine con cura il comportamento. È così che si reclutano e poi si utilizzano gli agenti doppi[66].

La storia antica e moderna è disseminata di innumerevoli esempi di impiego di questo stratagemma, in tutte le sue innumerevoli varianti, e la musica è la stessa in campo economico e finanziario.

Su un piano più "domestico", però, come anche in ambito politico, l'uso di questo espediente può adempiere un ruolo assolutamente positivo per evitare l'aggravarsi di un periodo di crisi: parliamo allora di "compromesso", di "mediazione", di tutte quelle tattiche per pacificare due o più contendenti rese tanto più necessarie dalle sempre maggiori complicazioni della vita attuale, che tuttavia, a ben guardare, non mostra nulla di nuovo rispetto agli "equilibri di potere" indispensabili per tenere in piedi famiglie, società, interi Paesi.

Lo stratagemma nella storia

Han Shizong (1089-1151) nacque da una famiglia povera alla fine del periodo della dinastia Song settentrionale. Si distinse già all'età di diciassette anni per il suo valore in battaglia, e nel 1122 venne nominato

[66] Sun Zu, *L'arte della guerra*, cit., cap. XIII, p. 149.

generale in seguito al coraggio dimostrato durante il tentativo di conquista di Yanjing (l'odierna Pechino) da parte dei Song contro le truppe del potente regno di Jin.

Nel 1125, un generale Song venne messo a morte con l'accusa di aver perso un'altra battaglia contro i Jin. I suoi ufficiali si ribellarono e il compito di sedare la rivolta venne affidato a Han Shizong, che si presentò da solo nel campo dei rivoltosi, intimando la resa e la consegna delle armi, se volevano evitare di essere uccisi dal potente esercito Song. Intimoriti dalla sua autorevolezza, i ribelli s'inginocchiarono in segno di rispetto e obbedirono, dopo di che egli smontò da cavallo e sedette alla loro mensa, mangiando carne e bevendo vino con loro. La sorpresa nel campo crebbe a dismisura quando, il mattino dopo, i soldati constatarono che le truppe inviate dall'imperatore ammontavano in realtà a poche centinaia di uomini, ma ormai erano stati disarmati.

All'epoca, la potenza militare dei Jin aveva raggiunto il suo acme. Nel 1126 l'imperatore Song venne catturato e la sua dinastia ebbe fine, lasciando il trono alla Song meridionale e all'imperatore Gaozong, che riuscì a ristabilire il controllo centrale sul sud della Cina. Tuttavia, con grande sdegno della corte e dei sudditi, egli non mostrò l'intenzione di riconquistare le pianure centrali e mantenne un'attitudine difensiva contro le sporadiche incursioni dei Jin, anche per evitare che i capi militari acquisissero troppo prestigio nei confronti della casa regnante. Di conseguenza, i Jin mantenevano relazioni segrete con vari membri della corte.

Nel 1134, essi scatenarono una pesante offensiva verso sud, spingendosi oltre il fiume Yangtze e incontrando scarsissima resistenza. Han Shizong, allora insediato in qualità di commissario imperiale nella regione del fiume Huai, venne costretto a ripiegare verso lo Yangtze per difendere la città di Yangzhou. Mentre era occupato a organizzare le difese della città, la corte imperiale inviò due ambasciatori, Wei Liangchen e Wang Hui, per stipulare un accordo di pace con l'esercito Jin.

Da generale esperto quale ormai era, Han Shizong non si faceva illusioni sui negoziati di pace, ben sapendo che non avrebbero portato da nessuna parte, se non accompagnati da una efficace resistenza sul campo di battaglia. Non si fidava di Wei Liangchen, a causa dei buoni rapporti che questi aveva con i Jin. Decise pertanto di sfruttare la sua slealtà.

Quando raggiunse la porta orientale di Yangzhou, Wei Liangchen vide l'avanguardia dell'esercito Song che lasciava la città. Informatosi, venne a sapere che erano stati inviati da Han Shizong per difendere il passaggio alla foce del fiume. Entrando in città, fu ricevuto poi da quest'ultimo sulla torre di osservazione. Han Shizong lasciò deliberatamente che Wei

Liangchen guardasse gli editti imperiali che ordinavano alle armate Han di far ritirare l'esercito per difendere la foce del fiume.

Wei Liangchen e Wang Hui lasciarono poi Yangzhou e trascorsero la notte nella città di Dayi. La mattina seguente, dopo aver percorso alcuni *li*, incontrarono un centinaio di arcieri a cavallo di Jin, e gridarono: "Non uccideteci! Siamo venuti per concludere la pace!".

I soldati Jin li scortarono fino alla città di Tianchang.

"Dov'è l'imperatore?", chiesero.

"A Yangzhou", rispose Wei.

"Dov'è il generale Han? Di quanti uomini e cavalli dispone?".

"Egli si trova a Yangzhou, ma è partito per difendere la foce del fiume", replicò Wang Hui.

"Come possiamo essere certi che non sia un trucco e non torni poi per attaccarci?".

"Chi può saperlo?", chiese a sua volta Wang Hui, sulla difensiva. "Come è noto, noi non sappiamo nulla dell'arte della guerra".

In realtà, Han Shizong, partiti gli ambasciatori, aveva radunato le sue truppe ordinando loro: "Avanzate nella direzione indicata dalla mia frusta!", e le aveva condotte fino a Dayi, che si trova a metà strada tra Yangzhou e Tianchang. Aveva quindi ripartito gli uomini in cinque formazioni da battaglia, che si erano disposte lungo una ventina di punti di imboscata. Poi Han Shizong gridò ai suoi uomini: "Uscite fuori e balzate sui nemici quando sentirete il rullo del tamburo!".

Il generale Jin, credendo alle parole di Wei Liangchen, diresse i suoi uomini verso Yangzhou, nella convinzione che fosse scarsamente difesa. Nei pressi di Dayi, la sua avanguardia venne attaccata da un piccolo contingente di cavalieri Song, capeggiato dallo stesso Han Shizong. Il generale respinse con forza l'attacco imprevisto e si spinse con maggiore veemenza fin dentro i punti di imboscata. Al rullo dei tamburi da battaglia, i soldati Song uscirono da tutti i nascondigli e piombarono sulle truppe nemiche divise e frastornate. Nella confusione che seguì, i cavalieri Jin trovarono ben poco spazio per manovrare con i loro archi e le lunghe spade, e divennero facili prede delle grandi asce dei Song, roteate in tutti i sensi per spezzare le zampe dei cavalli e poi le costole dei cavalieri caduti, fino a sbaragliare completamente le truppe Jin.

STRATAGEMMA 34

苦肉計

Ku rou ji

Stratagemma dell'autolesionismo

*La tecnica dei piccoli danni autoinferti allo scopo di guadagnare la fiducia dell'avversario viene usata soprattutto dagli agenti che operano sotto copertura: ci si finge vittime di un proprio alleato per guadagnarsi la simpatia e la fiducia dei nemici. "Stoltezza giovanile reca salute", in base al commento alla linea yin al quinto posto dell'esagramma n. 4 dell'*I:Ching*, Mong, la Stoltezza giovanile. Così il giovane e inesperto sovrano che tratta gli altri con modi ingenui e modesti riceve a sua volta ampio sostegno e quindi ottiene fortuna. In questo stratagemma, tuttavia, la linea viene paragonata a un generale nemico facile da ingannare a causa del suo ingenuo e semplicistico giudizio.*

Quando un capo vuole assolutamente conoscere ciò che pensano i suoi subordinati, una buona strategia consiste nel creare un'aperta rottura tra sé e uno degli assistenti più devoti. Un re può accusare pubblicamente un generale di tradimento, oppure quest'ultimo incolpare un subalterno di incompetenza o di insubordinazione. Ma la strategia può anche essere attuata in modo leggermente diverso, rifiutando deliberatamente alla persona ingannata una promozione o una ricompensa che tutti ritenevano le spettasse di diritto.

Dopo qualche tempo, sicuramente la persona sarà avvicinata da qualcuno che fomenta la discordia o formula piani per eliminare il capo, oppure può essere la persona stessa che offre il proprio aiuto ai nemici del suo superiore per vendicarsi. Il piano funziona perché la sofferenza della persona "offesa" è molto convincente: l'avversario è portato a credere senza riserve alle giuste rivendicazioni di qualcuno che ha visto ledere un proprio diritto, e l'"esca" (ossia la persona "offesa") potrà raccogliere preziose informazioni da riferire ai suoi superiori, in modo da accelerare la fine di quanti stavano complottando per attuare una presa di potere o un colpo di stato.

Le avversità possono interrompere bruscamente una carriera, ma accade anche che le diano una spinta decisiva. Avviene in campo politico e sociale, in caso di autodenunce da parte di un leader che si trova in cattive acque (una pratica troppo diffusa negli Stati Uniti per credere che, almeno qualche volta, non sia architettata *ad hoc*) e che spesso agisce in tal modo per prevenire altrui attacchi. Ma accade anche su un piano più personale, quando chi si trova in difficoltà all'interno di un rapporto familiare riesce, suo malgrado, a risolvere una situazione traballante guadagnandosi l'affetto e l'aiuto da parte degli altri o, al contrario, ad allontanare da sé (pur soffrendone) quelle persone non disposte a collaborare in una situazione di emergenza che le distoglierebbe dal loro egoismo. In un caso e nell'altro, l'esito può comunque considerarsi positivo, a prescindere dal sacrificio e dalla sofferenza personale.

Un esempio estremo di quest'ultima accezione della strategia si trova nell'*Hagakure*, o codice segreto dei samurai, la casta guerriera votata all'onore e alla dignità della morte che in Europa ebbe eguali forse solo nei cavalieri templari. In esso leggiamo:

Un samurai si prepara a commettere seppuku, *il suicidio rituale chiamato anche* hara-kiri, *secondo il codice d'onore dei guerrieri*

Sagara Kyuma era un samurai che andava d'accordo in tutto con il suo sovrano e lo serviva con dedizione totale. Non c'era nessun altro uguale a lui tra mille persone.

Un giorno, nella residenza di Mizugae del signor Sakyo, si tenne un consiglio nel quale fu decretato il *seppuku* di Kyuma.

In quel tempo, nella residenza del signor Takunui, a Osaki, c'era una casa da tè a tre piani. Kyuma prese in affitto questa casa da tè e, radunando tutti gli sfaccendati di Saga, mise in scena un teatro di marionette e fece anche lui da attore. Ne seguirono alcuni giorni e alcune notti di baldoria. Essendo questa casa da tè situata vicino alla residenza del signor Sakyo, si era arrivati all'estremo della maleducazione. Ma questo non fu che uno stratagemma escogitato appositamente da Kyuma per screditare se stesso e salvare la reputazione del suo sovrano, che aveva approvato il *seppuku* di un suddito fedele. Così Kyuma prendeva la decisione di uccidersi con onore[67].

[67] Yamamoto Tsunetomo, *Il codice segreto dei Samurai*, Luni Editrice, Milano, 2000, p. 27.

Lo stratagemma nella storia

Lo Stato di Wu occupava il tratto inferiore del fiume Yangtze ed era governato da un re che ebbe quattro figli. Alla sua morte, il trono passò successivamente a tutti loro, in ordine di anzianità, ma il quarto, giunto il suo turno, rifiutò di prendere le redini del potere, che sarebbero dovute passare di diritto nelle mani del figlio del maggiore, di nome He Lü. Non fu così, perché suo cugino Liao, nato dal terzo figlio del re, volle tenere il trono per sé. He Lü cominciò a tramare nell'ombra per riconquistarlo e infine riuscì nell'intento, facendo assassinare il cugino durante un banchetto. Sapeva bene, però, che il figlio di Liao, di nome Qing Ji, noto per la sua forza e audacia, avrebbe cercato a sua volta di vendicarsi. He Lü, pertanto, mandò a chiamare il suo consigliere Wu Zixu. "Sono certo che Qing Ji sta complottando contro di me con l'aiuto degli altri vassalli", disse, "e ciò non mi dà pace. Non riesco più ad assaggiare cibo; quando dormo, non riesco a stare fermo sul letto. Aiutami a risolvere questa faccenda".

"So cosa ha in mente il mio signore", replicò Wu Zixu, "e ho trovato l'uomo che fa per te".

"Ma Qing Ji è tanto forte da poter affrontare diecimila uomini. Come potrebbe qualcuno avvicinarsi tanto a lui da riuscire a ucciderlo?".

"Il mio uomo si chiama Yao Li, ed è stato tanto astuto da umiliare guerrieri assai più forti e coraggiosi di lui". E raccontò al re le sue imprese.

Impressionato, il re ordinò di preparare un banchetto per ricevere degnamente Yao Li, ma rimase amaramente deluso quando si vide presentare un individuo macilento, quasi scheletrico. Gli chiese con aria dubbiosa: "Come pensi di sopraffare il mio nemico?".

"Io vengo dall'estremo oriente", rispose quegli, "e sono tanto debole che perfino un soffio di vento mi fa cadere. Ma ordina ciò che vuoi ed io porrò tutta la mia abilità nel realizzare ogni tuo desiderio".

He Lü pensò di essere stato ingannato dal suo consigliere, e rimase muto e di malumore. Allora Yao Li gli si avvicinò e chiese: "Sei forse preoccupato perché pensi che non possa uccidere Qing Ji?".

"Qing Ji è famoso per il suo valore", rispose il re. "Corre tanto veloce da poter catturare una fiera dopo averla inseguita a lungo, e salta tanto in alto da afferrare gli uccelli in volo. Una volta, io stesso l'ho inseguito con un carro tirato da quattro cavalli, ma non sono riuscito a prenderlo. E quando ho ordinato ai miei uomini di trafiggerlo con le loro frecce, le ha afferrate a mezz'aria con le mani nude. Non puoi nulla contro di lui".

"Posso ucciderlo, se tu me lo ordini".

"Non vedo come", sospirò He Lü. "Poiché l'ho mandato in esilio, egli è molto prudente e vigile. Un inviato da Wu è l'ultima persona di cui si fiderebbe. Non avresti nemmeno modo di avvicinarlo".

"Si fiderà di me, se tu farai uccidere mia moglie e i miei figli e mi taglierai il braccio destro".

Il giorno seguente, nella capitale di Wu si diffusero voci che elencavano i lunghi crimini del despota He Lü, il quale inviò i suoi uomini a cercare chi aveva messo in giro la diceria. Due giorni dopo, Yao Li venne arrestato e condotto alla presenza del re, che volle processarlo immediatamente. Alla prima udienza, l'uomo non solo ammise di essere stato il primo a parlare male del re, ma lo accusò apertamente davanti a tutti. Wu Zixu suggerì a He Lü di decapitare un simile pazzo.

"No", disse il re. "Quest'uomo non ha nemmeno la forza di prendere un pollo, eppure osa sfidarmi. Deve certo godere di amici potenti, forse perfino dell'aiuto di Qing Ji. Gli tireremo fuori tutte le informazioni che ci servono, e poi deciderò cosa fare di lui". Ordinò alle guardie di tagliare il braccio destro di Yao Li, e fece gettare in prigione la moglie e i figli.

Alcuni giorni dopo, Yao Li riuscì a evadere dalla prigione, e il re si infuriò a tal punto che ordinò di decapitare moglie e figli, e di bruciarne i corpi in pubblico. Il popolo cominciò a rumoreggiare contro di lui, ritenendo che si fosse mostrato troppo crudele verso Yao Li.

Quest'ultimo, intanto, si era diretto verso il regno di Wei, dove Qing Ji viveva in attesa di vendicarsi. Sulle prime, non credette all'uomo mingherlino condotto in sua presenza, che gli parlava della crudeltà del re di Wu, ma poi le sue parole furono confermate da altra gente giunta da quello Stato, e Qing Ji cominciò a fidarsi di Yao Li e a chiedergli consiglio sul da farsi. Questi gli suggerì di assalire Wu, affermando: "He Lü ha usurpato il trono uccidendo tuo padre. I suoi cortigiani sono indignati, ma non osano schierarsi apertamente contro di lui. Il popolo è scontento e vedi, io stesso non ho fatto altro che pronunciare qualche parola di condanna ed ecco, mi ha tagliato il braccio, e ha ucciso mia moglie e i miei figli. Se marcerai su Wu, io sarò al tuo fianco e, se riuscirai a impadronirti di quello Stato, entrambi potremo dire di aver vendicato i nostri cari".

Qing Ji nutriva ancora qualche dubbio e chiese: "So che Wu Zixu, consigliere del re, è un uomo assai abile. Con il suo aiuto, He Lü ha accumulato molte ricchezze e radunato un grande esercito. Non credo che la nostra forza sia sufficiente a sfidarlo ora".

Yao Li replicò: "Wu Zixu è venuto a Wu dopo il re di Chu ha assassinato suo padre e sua madre. Egli riteneva che He Lü avrebbe mosso guerra a Chu, ma così non è stato. Pertanto, anch'egli è attualmente assai adirato contro il sovrano, che non potrà godere del suo appoggio incondizionato".

Qing Ji si lasciò convincere e ordinò di organizzare una spedizione contro Wu. Tre mesi dopo, le truppe attraversarono il fiume Yangtze, dirette verso la capitale dello Stato nemico. Qing Ji e Yao Li erano sulla stessa nave: quest'ultimo si sedette sopravvento, in modo da essere favorito nonostante la sua debolezza quando, infine, trafisse con una lancia Qing Ji, il quale lo afferrò con le sue braccia potenti e lo immerse in acqua per tre volte tenendolo per i capelli, finché Yao Li perse i sensi. Poi lo appoggiò a terra esclamando: "Davvero coraggioso, quest'uomo che ha osato rivolgere la sua arma contro di me!".

Le guardie estrassero le spade per uccidere Yao Li, ma Qing Ji le fermò, dicendo: "Costui è un coraggioso. Perché questo giorno dovrebbe vedere la morte di due uomini coraggiosi? Lasciate che torni a Wu e che la lealtà al suo re riceva il premio che merita". Quindi estrasse la lancia dal suo petto e morì sull'istante.

Quando Yao Li ebbe portato a termine la sua missione, fece ritorno nella capitale di Wu e, non appena fu davanti al suo re, estrasse la spada e si tagliò la gola.

Sempre in Cina, ma in tempi assai più recenti, e precisamente nella primavera del 1989, il movimento degli studenti cinesi riuscì a guadagnare l'attenzione e la simpatia della pubblica opinione sottoponendosi a un estenuante sciopero della fame. Il dramma dei ragazzi che svenivano in piazza Tienanmen, degli operatori sanitari e delle ambulanze che a sirene spiegate percorrevano in lungo e in largo la città fece sì che moltissime persone si unissero agli studenti, e quella che era iniziata come una marcia di poche migliaia di persone divenne una dimostrazione di un milione di manifestanti, causa diretta del summit tra Mikhail Gorbaciov e Deng Xiaoping.

STRATAGEMMA 35

連環計

Lian huan ji

Incatenare tra loro le navi da guerra del nemico

Quando si ha di fronte un nemico più potente, è inutile opporsi con la forza o concentrare tutte le proprie risorse su un'unica strategia: è meglio porre in opera simultaneamente diversi piani nel quadro di uno schema complessivo che indebolisca la sua posizione e crei confusione tra le sue truppe.

*Il riferimento è alla linea yang al secondo posto nell'esagramma n. 7 dell'*I:Ching*, Scï, l'Esercito, che rappresenta un generale che ha ottenuto la necessaria autorità per portare a termine il suo compito e pertanto "riceve grazia dal cielo", in quanto tutte le altre linee sono yin, quindi sottomesse. Operando nell'esercito, egli riceve l'assistenza e il sostegno dei suoi ufficiali e degli uomini, con la piena fiducia che essi realizzeranno alla lettera i suoi piani di battaglia.*

Se le proprie forze sono esaurite, non è possibile lanciare un attacco decisivo, ma è tempo di usare tutte le regole e le strategie per cercare di diminuire le risorse dell'avversario. Quando si dispone di poche forze, Sun Zu consiglia di ritirarsi su terreno roccioso e scosceso per evitare che il nemico possa a sua volta concertare un assalto che risulterebbe devastante. È opportuno dividere le forze nemiche per poterle affrontare più facilmente, trovando posti facili da difendere, così da costringerle ad esaurirsi, creando false apparenze, così da rendere impossibile qualsiasi tentativo, obbligando gli avversari a rimanere sempre all'inseguimento senza mai raggiungere la preda, così da impoverire risorse ed energie, e in tal modo procurandosi nuove opportunità e condizioni più paritarie.

Ciò che si ritiene una forza può in realtà rivelarsi una lacuna. Paradossalmente, più forte e organizzato appare un avversario, maggiori sono le opportunità di trarre vantaggio dai suoi punti deboli, un principio che trova applicazione nell'ambito della politica interna e internazionale, ma anche nel mondo degli affari: ad esempio, una dichiarazione di bancarotta da parte di una società ha l'effetto di incatenare insieme i creditori, costringendoli a venire a patti e, quasi sempre, ad accontentarsi di una parte soltanto del loro credito. Sul piano commerciale, l'espediente in oggetto è impiegato in larga misura per ciò che riguarda l'offerta di prodotti con garanzia "soddisfatti o rimborsati", che convince facilmente all'acquisto i consumatori, tranquillizzandoli sulla propria libera scelta. In realtà, poi, sono ben pochi, in proporzione, quelli che si prendono il disturbo di conservare gli scontrini di acquisto, riempire i moduli per la restituzione, pagare le spese di spedizione e confezionare in modo adeguato il prodotto da restituire... E così, ciò che appare un vantaggio per il consumatore si rivela il più delle volte un sicuro profitto per la ditta produttrice.

Nei rapporti professionali, familiari e personali, lo stratagemma mira ad esortare a una maggiore attenzione verso quelli che sembrano eventi positivi, i quali possono spesso portare con sé problemi e imprevisti: un successo professionale può scatenare la gelosia dei colleghi, una promozione può comportare un carico di lavoro aggiuntivo, l'acquisto di una "convenientissima" automobile usata può rivelarsi una perdita di denaro e tempo, oltre che una vera e propria frustrazione, quando l'"affare" comincia a perdere colpi...

Lo stratagemma nella storia

L'espediente prende il nome dal metodo usato per vincere una battaglia che ebbe luogo sul fiume Yangtze durante il periodo dei Tre Regni. Cao Cao, signore di Wei, che abbiamo già incontrato, guidava un esercito di più di 800.000 uomini; si trovò ad affrontare il problema dell'attraversamento del grande fiume, poiché gli uomini del nord, a bordo delle navi, erano estremamente vulnerabili alla nausea.

Nel frattempo, il comandante Zhou Yu, del regno di Wu, era accampato sulla riva meridionale del fiume e progettava di incendiare la flotta di Cao Cao, ma non sapeva come assicurarsi che tutte le navi prendessero fuoco.

Mentre Cao Cao rifletteva sul da farsi, nella sua tenda entrò il grande stratega militare Pang Tong, apparentemente ansioso di servirlo (in realtà, stava aiutando la parte avversa). Ispezionò la flotta e, venuto a sapere della paura della nausea da parte degli uomini, propose a Cao Cao di incatenare insieme tutte le navi, grandi e piccole, in file di trenta o cinquanta, facendo poi passare delle tavole tra l'una e l'altra, così da consentire l'attraversamento del fiume perfino ai cavalli, senza timore di onde, vento o tempeste.

Cao Cao non perse tempo e ordinò ai suoi fabbri di forgiare le grandi e solide catene che sarebbero servite per assicurare tra loro le navi. Una volta ultimata l'impresa, indugiò sulla riva, osservando ammirato le sue truppe che si esercitavano sui ponti con la stessa sicurezza e abilità che avrebbero mostrato sulla terraferma.

Alcuni giorni dopo giunse un forte vento da sud-est, che fece sorridere fiduciosamente Cao Cao, mentre osservava sulla riva opposta del fiume le navi del nemico che rollavano e beccheggiavano. All'improvviso, però, si accorse che alcune di esse si avvicinavano. Le sentinelle gli dissero che le imbarcazioni mostravano la bandiera del drago verde di Huang Gai; Cao Cao ne gioì, poiché sapeva che questi, secondo le informazioni ricevute da Pang Tong, aveva manifestato l'intenzione di tradire il nemico per passare nelle sue fila. Le sentinelle però non erano convinte, perché se Huang Gai avesse davvero disertato, le sue navi sarebbero state piene di grano e quindi pesanti, mentre erano assai alte sull'acqua: c'era qualcosa di strano, e Cao Cao si convinse a far intervenire le truppe, ma era ormai troppo tardi. Quando la flottiglia di Huang Gai ebbe quasi raggiunto la riva nord, questi agitò la spada, il segno convenzionale per ordinare di dar fuoco alle sue stesse navi, che filarono dritto verso quelle di Cao Cao, appiccando immediatamente l'incendio che si trasmise velocemente a tutte le altre, causando la morte della maggioranza dei malcapitati ancora a bordo. Cao Cao riuscì a fuggire con l'esiguo contingente di cavalleria rimasto.

In ambito bellico, questo stratagemma ha trovato la sua più riuscita applicazione nelle battaglie contro la cavalleria, la cui potenza si basava principalmente sulla mobilità. Nella storia europea, uno degli esempi più clamorosi fu quello della battaglia di Agincourt (1415), in cui pochi inglesi (circa 6000) riuscirono a sconfiggere l'esercito francese di Carlo VI, che contava di più di 40.000 uomini, in maggioranza cavalieri, affrontandoli su un terreno fangoso e pesante a causa della pioggia caduta per diversi giorni. Gli inglesi cominciarono a piantare nel suolo pali appuntiti, inclinandoli in direzione del nemico, che non fece nulla per ostacolarli. Quindi, Enrico ordinò agli arcieri di schierarsi e fare il loro dovere, ed essi obbedirono: quando le frecce, lunghe quasi un metro, caddero dal cielo forando le armature dei cavalieri, questi si riunirono per lanciare la carica. Il diluvio di frecce provocò un campo di battaglia cosparso di cadaveri di cavalli e di uomini che non erano riusciti a guadagnare un terreno più solido. Di fronte al fallimento della cavalleria, i francesi decisero di avvicinarsi a piedi. Affondando nel fango a causa del peso delle armature, i nobili avanzavano con lentezza, e ad ogni passo il loro numero veniva inesorabilmente ridotto dalle frecce. Quando infine furono vicini agli inglesi, sembrò quasi che il numero e il valore prevalessero, ma i cavalieri di Enrico si comportarono con pari ardore. Mentre i francesi cadevano nel fango dello stretto campo di battaglia, le pile di cadaveri aumentavano. Gli arcieri, non essendo in grado di usare gli archi a distanza tanto ravvicinata, entrarono a piedi nella mischia per uccidere i cavalieri atterrati, facendo scivolare i loro pugnali attraverso le borchie o qualsiasi fessura dell'armatura. Si racconta che i mucchi di corpi dei soldati uccisi fossero più alti di un uomo. Alla fine della giornata, la pioggia, il fango, le frecce e la disperazione dei pochi inglesi segnarono il destino dei francesi. La morte di tanti nobili, tra 7000 e 10.000, decretò la fine della cavalleria francese. I cavalieri non avrebbero mai più rappresentato il punto di forza degli eserciti europei[68].

[68] Paul K. Davis, *Le 100 battaglie*, cit., p. 212. Anche la battaglia di Crécy-en-Ponthieu (1346), combattuta nell'ambito della guerra dei Cento Anni, che aveva visto gli inglesi guidati da re Edoardo III contrapporsi ai francesi di Filippo VI, ebbe un andamento analogo. Nel corso di essa gli inglesi, inferiori di numero ma meglio disciplinati e addestrati, ebbero la meglio sull'orda confusa dei francesi, i cui nobili, che non gradivano prendere ordini dal re, non considerandosi suoi vassalli, e ansiosi di gloria e di bottino, finirono per cadere trafitti dalle frecce degli arcieri di Edoardo e dagli aguzzi pali da cui questi ultimi erano protetti per difendersi dalla carica della cavalleria nemica (*ivi*, p. 208 s.).

STRATAGEMMA 36

走為上

Zou wei shang

Fuggire oggi per combattere domani

Quando si viene sopraffatti, è meglio non combattere, ma arrendersi, venire a patti o fuggire. La resa significa disfatta totale, il compromesso è una mezza sconfitta, ma chi fugge non è vinto, e fino a quando non si viene battuti, vi è sempre l'opportunità di vincere.

*Il riferimento, piuttosto esplicito, è alla linea yin in posizione yin, al quarto posto dell'esagramma n. 7 dell'*I:Ching, *Scï, l'Esercito (cfr. stratagemma 26), il cui commento recita: "L'esercito si ritira. Nessuna macchia". Questa linea rappresenta un elemento debole che saggiamente si comporta con modestia e sottomissione. Pertanto, quando si trova di fronte un nemico superiore, un esercito dovrebbe ritirarsi in buon ordine per evitare la sicura disfatta. Con un atto del genere, non si viola la normale pratica di guerra, in quanto si ottiene un'opportunità per vincere in seguito.*

È saggio evitare ogni battaglia con il nemico, a meno che, come afferma anche *L'arte della guerra*, non si possa combattere al momento giusto, nel posto giusto e con l'avversario giusto.

Quando devi impegnare in combattimento un nemico e hai truppe inferiori di numero, ti trovi su terreno per te svantaggioso e non puoi competere con lui per forza, ritirati rapidamente per preservare le tue truppe. Il principio recita: "Se ti trovi in difficoltà, batti in ritirata"[69].

Nel campo degli affari, l'apertura di nuove aziende o di nuovi mercati comporta sempre, soprattutto oggi, la necessità di prevedere una "via di fuga" onorevole nel caso le cose si mettano male. Un antico detto cinese recita "Una lepre in gamba ha una tana con tre uscite" o, con diversa espressione, "Non mettere tutte le tue uova in un solo paniere".

Di rado, però, si riflette a sufficienza sulle implicazioni di questa strategia, che spesso può comportare una vittoria morale di valore infinitamente superiore a qualsiasi altra. Nel corso della guerra del Vietnam, un senatore americano ebbe a dire che il suo Paese avrebbe dovuto "dichiarare vittoria e andarsene dal Vietnam". Se lo avesse fatto, si sarebbero evitate centinaia di migliaia di morti e l'umiliazione finale degli Stati Uniti. Analogamente, per riprendere un esempio fatto in precedenza (vedi stratagemma 34), se gli studenti di piazza Tienanmen si fossero accontentati di aver trascinato un milione di persone a manifestare con loro e fossero tornati pacificamnte ai loro campus, nessuno sarebbe morto e l'esito sarebbe stato più che soddisfacente. Invece rimasero, anche quando il governo cinese dichiarò la legge marziale e la popolazione lasciò la piazza, delusa dallo stallo politico. Rimasero, eroicamente, quando la tensione salì e le truppe cominciarono a usare le armi.

È difficile ragionare lucidamente in una situazione disperata; eppure, questa strategia non esorta alla fuga impulsiva, ma alla consapevolezza di un rimedio momentaneo che consente di raccogliere le forze per poter più tardi sferrare un attacco decisivo e vincente.

[69] *Bai Zhan Qi Fa*, cit., "Battaglia di alleanze".

Lo stratagemma nella storia

I Mongoli Oyrat, dopo la loro sconfitta ad opera di una spedizione dell'imperatore Ming nel 1414, pagavano tributi regolari alla corte. In seguito, emerse un brillante capo che riuscì a soggiogare altre tribù mongole. Suo figlio continuò l'opera intrapresa e creò il regno mongolo più potente dai tempi di Gengis Khan, che controllava le terre dall'Asia centrale a ovest fino al regno di Corea a est, e dalla Siberia al nord fino alla Grande Muraglia a sud.

Nel frattempo, la dinastia Ming soffriva un declino economico e militare, e la stessa Pechino finì per trovarsi costantemente sotto la minaccia degli Oyrat. L'imperatore Yingzong, salito al trono nel 1435, era dominato da un eunuco di nome Wang Zhen, senza doti particolari se non quelle dell'arroganza, dell'avidità e della volubilità. Alla fine del tredicesimo anno di regno di Yingzong (1448), Esen, capo degli Oyrat, chiese ad alcuni inviati dell'imperatore Ming la mano della principessa imperiale per suo figlio. Gli inviati acconsentirono, benché ciò non fosse in loro potere, e non riferirono la cosa al loro sovrano.

La primavera seguente, duemila inviati Mongoli giunsero a corte con alcuni splendidi destrieri come dono nuziale di Esen. L'imperatore, sdegnato, rifiutò, e ciò costituì il pretesto per l'invasione che gli Oyrat aspettavano da anni.

Centomila barbari guidati da Esen in persona arrivarono ai piedi della Grande Muraglia, aprirono una breccia e la superarono facilmente, per poi puntare a sud. I cinesi, privi di un vero capo militare, abbandonarono una città dopo l'altra senza combattere. L'imperatore Yingzong decise di guidare personalmente le truppe, nonostante l'opinione contraria di molti suoi consiglieri, perché così gli aveva suggerito Wang Zhen, il quale temeva che i Mongoli avrebbero attaccato la sua città natale, che si trovava sul loro cammino: sperava che si sarebbero spaventati alla vista delle truppe imperiali guidate dallo stesso sovrano.

Yingzong aprì la tesoreria imperiale per provvedere il suo esercito, composto da mezzo milione di soldati, di argento, uniformi, abbondanti razioni di cibo e armi efficienti. Era un'armata impressionante, ma in preda al caos: gli uomini non sapevano come usare le nuove armi ed erano agli ordini di generali che non conoscevano e di cui lo stesso imperatore non si fidava molto, al punto da affidare il comando supremo all'eunuco che godeva della sua incondizionata stima.

Saggiamente, Esen decise di evitare uno scontro diretto; abbandonò le fortezze conquistate e si ritirò a nord, attraversando di nuovo la Grande

Muraglia. Il suo intento era quello di attirare l'esercito Ming nelle regioni di frontiera, dove i suoi cavalieri avrebbero potuto dare piena prova delle loro capacità su un terreno più che familiare.

All'arrivo a Datong, nei pressi dell'impressionante opera difensiva, Wang Zhen avrebbe voluto lanciare l'esercito all'attacco verso nord ma, quando ricevette le notizie delle gravi disfatte subite dalle truppe che difendevano le città di frontiera, cominciò ad avere paura. Decise infine di ordinare la ritirata. Nessuno ebbe da ridire: gli uomini erano già a corto di cibo, stanchi e impauriti. L'eunuco però non aveva dimenticato il vero motivo per cui aveva consigliato la spedizione, e ordinò alle truppe di attuare la ritirata lungo la strada per Weizhou, sua città natale, con l'intento di invitare l'imperatore nella sua residenza e dimostrare così alla sua gente di quanto credito godesse a corte. Inoltre, il percorso sembrava il più sicuro per l'esercito. Tuttavia, quando ebbero percorso quaranta *li*, a Wang Zhen venne in mente che tutta quella soldataglia avrebbe certamente rovinato i suoi preziosi giardini e campi coltivati: era un prezzo troppo alto da pagare, anche per una visita imperiale, e quindi ordinò di deviare verso nord. Non era necessario uno stratega per capire che quella mossa avrebbe esposto le truppe all'attacco dei Mongoli, ma l'imperatore acconsentì anche questa volta.

Non appena giunse a conoscenza del nuovo percorso di ritirata delle truppe imperiali, Esen cominciò a lanciare un serie di attacchi vittoriosi contro le avanguardie dell'esercito, che dopo quattordici giorni raggiunse Tumubao, dove Wang Zhen ordinò di trincerarsi, in attesa dei rifornimenti. Quella stessa notte, Esen giunse a Tumubao e acquisì rapidamente il controllo delle posizioni strategiche a sud e a nord-ovest, per poi attaccare subito i Ming, senza attendere l'arrivo dell'alba. Questi ultimi non riuscirono a far altro che difendersi con tutte le loro forze: erano esausti e non bevevano da due giorni.

Al mattino, Esen fece ritirare le sue truppe di alcuni *li* e inviò un messo con una richiesta di pace, che l'imperatore accolse con gioia. Ingenuamente, Wang Zhen credette che la battaglia fosse finalmente finita e lasciò che i suoi uomini si precipitassero fuori dell'accampamento per bere al fiume controllato dai Mongoli fino a poche ore prima. Mentre uomini e cavalli si dissetavano, all'improvviso la cavalleria mongola piombò da tutte le parti sull'esercito in preda al caos, infliggendo una pesantissima sconfitta e perfino catturando l'imperatore. Wang Zhen era già stato ucciso da un ufficiale che, in preda a un furore cieco, si era subito dopo lanciato contro i nemici decapitandone a dozzine, prima di crollare a terra morto.

Esen, però, non fu in grado di sfruttare il suo vantaggio. Invece di marciare a tappe forzate verso Pechino, tentò di usare l'imperatore per farsi aprire le porte delle città di frontiera che ancora gli resistevano. Questo ritardo gli fu fatale, perché nella capitale cinese la corte si era già riorganizzata, insediando un nuovo imperatore e migliorando le difese della città, che si fece trovare preparata all'assalto dei Mongoli. Questi ultimi furono costretti a ritirarsi a nord della Grande Muraglia e a chiedere la pace.

Gli occidentali abituati alla versione hollywoodiana del coraggio potrebbero sorprendersi del fatto che i cinesi considerino accettabile l'opzione della fuga di fronte al nemico, ma un esperto stratega sa bene che lasciar morire i propri uomini in un'azione senza speranza non è "vantaggioso", anzi è assolutamente "inutile", e quanti morti inutili si sarebbero potute evitare nel corso della storia se questa saggia scelta fosse stata fatta più spesso?

In Occidente, un'operazione che sembra aderire perfettamente all'idea di fondo di questo stratagemma fu quella che a Dunkerque, nel 1940, organizzò l'evacuazione di truppe inglesi e francesi di fronte all'avanzata dei carri armati tedeschi. Hitler, dopo aver invaso Polonia, Olanda e Belgio, puntò diritto verso Parigi, ma con l'intenzione nascosta di dirigersi verso la Manica. Le truppe corazzate di Heinz Guderian avanzarono ovunque, ma sorprendentemente fu proprio il Führer a fermarle, per ragioni non ancora del tutto chiarite, consentendo così alle forze alleate di attestarsi meglio sulle posizioni e organizzare l'evacuazione, eseguita sotto il nome di Operazione Dynamo: era necessario mobilitare qualsiasi imbarcazione in grado di prendere il mare per portare gli uomini fuori dalla Francia, e ciò avvenne sotto la protezione della RAF contro il fuoco degli aerei della Luftwaffe. Inoltre, le operazioni ebbero luogo per lo più di notte, onde evitare gli attacchi aerei.

Il consolidamento delle posizioni britanniche e la strenua resistenza dei pochi francesi rimasti nella regione rese estremamente difficile il compito ai carri armati di Hitler. Nonostante la resa, che fece momentaneamente del Führer il padrone del continente, il fatto che il Corpo di spedizione britannico si fosse salvato permise di costruire un esercito più grande che sarebbe tornato entro breve tempo a contendere a Hitler il dominio del Nordafrica, del Mediterraneo e, da ultimo, di nuovo della Francia.

Dei cinque elementi, nessuno è predominante
delle quattro stagioni, nessuna dura in eterno
delle giornate, alcune sono lunghe e altre corte
e la luna, prima cresce e poi cala.

Sun Zu, *L'arte della guerra*, cap. VI

CRONOLOGIA DELLE DINASTIE CINESI

Xia	XXI-XVI sec. a.C.
Shang	XVI-XI sec. a.C.
Zhou occidentale	XI sec.-770 a.C.
Zhou orientale	770-256 a.C.
Periodo della Primavera e dell'Autunno	722-481 a.C.
Periodo degli Stati Combattenti	480-221 a.C.
Qin	221-206 a.C.
Han occidentale	206 a.C.-9 d.C.
Xin	9-23 d.C.
Han orientale	25-220
Tre Regni (Wei, Shu, Wu)	220-265
Jin occidentale	265-316
Jin orientale	317-420
Dinastie del Nord e del Sud (Song, Qi, Liang, Chen, Wei settentrionale, Wei orientale, Wei occidentale, Zhou settentrionale)	420-581
Sui	581-618
Tang	618-907
Cinque dinastie (Liang, Tang, Jin, Han, Zhou posteriori)	907-960
Song settentrionale	960-1127
Song meridionale	1127-1279
Yuan (Mongoli)	1279-1368
Ming	1368-1644
Qing (Manciù)	1644-1911
Repubblica di Cina	1912-1949
Repubblica Popolare Cinese	fondata nel 1949

BIBLIOGRAFIA

Brahm L.J., *Negotiating in China. 36 Strategies*, Naga, Hong Kong, 1996

Judica Cordiglia E. (a cura di), *I:Ching, Il libro dei mutamenti*, Edizioni Mediterranee, Roma, 1991

Davis P.K., *Le 100 battaglie che hanno cambiato la storia*, Newton & Compton, Roma, 2003

Deshimaru T., *Lo Zen e le arti marziali*, SE, Milano, 1995

Evola J. (a cura di), *Tao-tê-ching*, Edizioni Mediterranee, Roma, 1997

Herrigel E., *La via dello Zen*, Edizioni Mediterranee, Roma, 1986

McCarthy P. (a cura di), *Bubishi. La Bibbia del karate*, Edizioni Mediterranee, Roma, 2000

Musashi M., *Il libro dei cinque anelli*, Edizioni Mediterranee, Roma, 1995

Norbu N., *Lo Specchio. Un consiglio sulla presenza della consapevolezza*, Shang Shung Edizioni, Arcidosso, 1989

Norbu N., *Un'introduzione allo Dzog-chen*, Shang Shung Edizioni, Arcidosso, 1988

Petrie W., *A History of Egypt*, Freeport, NY, Books for Libraries Press, 1972 [1904]

Sadler A.L., *Il codice dei samurai*, Edizioni Mediterranee, Roma, 1995

Soho T., *The Unfettered Mind*, Kodansha International, Tokyo, 2004

Sun Zu, *L'arte della guerra. Il manuale dello stratega*, Edizioni Mediterranee, Roma, 2004

Tsunetomo Y., *Il codice segreto dei Samurai*, Luni Editrice, Milano, 2000

Tulku T., *Mezzi idonei*, Ubaldini Editore, Roma, 1980

The Wiles of War, Foreign Languages Press, Beijing, 1993

Wragg D., *Da Pearl Harbor alla Guerra del Golfo*, Newton & Compton, Roma, 2001

Yuan G., *Lure the Tiger out of the Mountains: The 36 Stratagems of Ancient China*, Simon & Schuster, New York, 1991

Zopa Rimpoce, *Trasformare i problemi in soluzioni*, Chiara Luce Edizioni, Pomaia, 1993

Opere cinesi:
Bai Zhan Qi Fa ("Cento infallibili piani di battaglia")
Bing Fa Bai Yan ("Cento massime di guerra")
Bing Lei ("I fondamenti della guerra")
Guan Zi ("Libro del maestro Guan")
Hu Qian Jing ("Canone del generale")
Jiang Yuan ("L'arte del comando")
Jie Zi Bing Jing ("Il canone di guerra del maestro Jie")
Shi Ji ("Memorie dello storico")
Tang Tai Zong Li Jing Wen Dui ("La risposta di Li Jing all'imperatore Taizong di Tang")
Tou Bi Fu Tan ("Osservazioni di uno studioso dilettante sulla guerra")
Wei Liao Zi ("Libro del maestro Wei Liao")
Wu Jing Zong Yao ("Compendio di canoni militari")
Wu Zi ("Libro del maestro Wu")

Sun Zu
L'ARTE DELLA GUERRA
Il mauale dello stratega

Il grande valore del *Pin Fa*, o *L'Arte della Guerra,* prescinde dalla sua esatta collocazione storica e dalla sua veste di manuale di tattica militare, pur essendo l'antesignano di ogni trattato di strategia dall'epoca di Carlo Magno fino alla Seconda Guerra Mondiale.
Il concetto portante di questo libro è il dualismo cosmico cinese, l'eterno squilibrio-equilibrio tra yin e yang, che, se perfettamente compreso e applicato con acume, può portare al successo non solo militare.
La guerra per Sun Zu, come per molti altri filosofi a lui posteriori, non è il semplice cozzare delle spade, bensì il «principio dinamico della trasformazione», la forza che determina il mutamento e libera il mondo dalla staticità, facendolo evolvere secondo precise leggi.
Il *Ping Fa*, pertanto, è un libro ricco di insegnamenti universali che parla attraverso simboli, che tratta di criteri perenni perché fondati su un metodo di analisi della realtà straordinariamente acuto e sottile, capace di estrarre e mettere in luce la verità in qualsiasi situazione e in qualsiasi tempo.
Oltre alla traduzione aggiornata del testo originale che si avvale della collaborazione di un docente di letteratura cinese classica dell'Università di Hong-Kong, nel libro compare un'accurata selezione delle chiose scritte da letterati ed esperti militari che, nel corso dei secoli, si sono aggiunte al testo di Sun Zu. Numerose sono le note esplicative del curatore che, inoltre, ha corredato la parte finale del volume con quattro utilissime appendici.

EDIZIONI MEDITERRANEE
VIA FLAMINIA 109 - 00196 ROMA
Tel. 06/32.35.433 - Fax 06/32.36.277
e-mail: ordinipr@ediz-mediterranee.com
http://www.ediz-mediterranee.com
http://www.edizionimediterranee.it

Finito di stampare
nel mese di gennaio 2006
presso la Tipografia S.T.A.R.
Via Luigi Arati, 12 - 00151 Roma